아이의 행동에는
이유가 있습니다

대한민국 현장 전문가들이 전하는 긍정적 행동지원 솔루션

장보협 사회적협동조합 엮음

예술과마을

발간사 | 권영화(장보협 사회적협동조합 이사장) | 006

추천사 | 김자경(부산대학교 특수교육과 교수) | 011
　　　　전병운(국립공주대학교 명예교수) | 014
　　　　조용남(한국보육진흥원 원장) | 016
　　　　황옥경(육아정책연구소 소장) | 018

특별기획 : 아동학대 예방 시리즈 • 2
아이의 행동에는 이유가 있습니다
대한민국 현장 전문가들이 전하는 긍정적 행동지원 솔루션

 **전문가 어드바이스**

김진호(순천향대학교 특수교육과 명예교수) | 022
긍정적 행동지원이란 무엇인가?

김수진(연성대학교 유아특수재활과 교수) | 028
안전하다는 믿음을 주는 긍정적 행동지원

 **현장의 여러 사례들**

김재경 | 032
켜켜이 쌓여 감사가 배가되는 시간들

진나경 | 040
아들, 우리 오늘 외식하자

임윤희 | 046
함께한 시간 함께한 성장

박인희 | 053
그림카드를 통해 함께 성장하는 우리

진주연 | 059
나뭇잎 악어

김명희 | 065
사랑을 알려준 내겐 너무 특별한 아이

김은정 | 071
2025년 한 단계 더 성장할 너와 나 우리를 응원하며

김소윤 | 081
기다림의 미학

최성령 | 086
아이의 작은 변화, 교실에서 다시 피어나다

김권아 | 093
함께 만들어가는 변화

김은영 | 098
변화될 수 있는 희망을 꿈꾸며

김시내 | 105
살아온 환경에서 돌봄 받기를 꿈꾸며

김영화 | 111
장애아전문어린이집에서 배우는 언어 치료의 가치

강지영 | 117
혼자가 아닌 함께

정주리 | 123
따뜻한 손길 마음의 다리

아이원 | 128
함께한 10년, 함께할 10년! 그리고 2024년 그해 우리는!

홍승임 | 136
선생님, 버스 타요!

시립어깨동무 | 142
물과 함께한 우리의 도전, 알록달록 꽃피운 성장

박수정 | 148
너는 왜 그럴까?

이상아 | 152
인사이드 아웃(INSIDE OUT)

최하연 | 158
혼자서는 행복해요!

정민희 | 162
그럼에도 불구하고 한결같은 마음으로

김정아 | 167
할머니와 손주 아이

안혜진 | 172
잊지 마, 넌 혼자가 아니야!

임효지 | 177
그럼에도 나는 아이들과 함께할 때 행복한 교사입니다

박경숙 | 182
서로 공감하는 행복한 치료사가 되기 위하여

빈효정 | 187
교학상장(敎學相長), 부모 교육을 통해 함께 배우고 자란 시간

이현수 | 191
경민이가 가르쳐주는 것들

 연구보고서

우영희 | 196
숲 활동을 통한 행동 지원 사례 탐구 보고서

김선아, 박세영, 배정인, 최나라 | 203
소그룹 놀이 활동이 발달지연 유아의 사회적 상호작용 및 어휘력 향상에 미치는 효과

백은지, 정선진 | 214
재능 개발 프로그램이 발달지연 유아의 주의집중에 미치는 영향

이 책에 등장하는 아동의 이름은
모두 실제 이름이 아니라 가명임을 밝혀둡니다.

발간사

아이의 생각과 자발성을 존중하여
생활방식에 의미 있는 변화를 가져온
현장 전문가들의 실제 경험을 담았습니다

권영화 (장보협 사회적협동조합 이사장)

어린이집 보육실에서는 아이들의 다양한 행동들을 관찰할 수 있습니다. 친구와 함께 자동차 장난감을 가지고 노는 아이, 책상에 앉아서 그림에 열심히 색칠하고 있는 아이, 의자 위에 올라서서 금방이라도 뛰어내릴 것 같은 아이, 다른 아이가 가지고 있는 장난감을 달라고 우는 아이, 소파에 누워 있는 아이, 보육실 바닥에 가만히 엎드려 있는 아이….

그 아이들 중에 여기저기 뛰어다니면서 소리지르며 우는 영수도 있습니다. 영수는 갑자기 소리 지르고, 울고 꼬집는 행동이 너무 심해서 가정의 부모도 어린이집의 교사도 지도하기 힘들다고 하는 아이입니다.

그런데 문제는 왜 이런 행동을 하는지 그 이유를 알 수 없다는 것입니다. 영수 엄마의 말을 들어보면, 영수는 가정에서도 거의 매일 어린이집에서 하는 행동과 똑같이 소리지르고, 울고, 꼬집는 행동을 한다는 것입니다.

특히, 영수가 밤에 자지 않고 울고 소리를 지르면, 이웃에 피해를 주지 않기 위해 한밤중임에도 불구하고 영수를 데리고 나가 동네 산책을 하면서 진정시키는 일도 있다고 했습니다. 그러면서 영수 엄마는 한숨 섞인 목소리로 다음과 같이 질문했습니다.

우리 영수는
왜 소리를 지를까요?
왜 갑자기 울까요?
왜 다른 사람을 꼬집을까요?
왜 밤에 잠을 자지 않을까요?

영수 엄마는 영수가 왜 이런 행동을 하는지 이유라도 알면 도와줄 수 있을 텐데 그 이유를 잘 모르기 때문에 영수도 엄마도 힘들고 안타깝다고 했습니다.

학습이론의 관점에서는 영수가 하는 행동들은 부모나 교사 등 다른 사람이 그렇게 행동하도록 가르쳤기 때문이라고 보고 있습니다. 즉, 인간은 출생하는 순간부터 인간을 둘러싸고 있는 환경과 사회에 적응하기 위해 여러 가지를 배우게 되는데, 인간이 배우고 있는 것 중의 하나가 바로 행동이라는 것입니다.

이러한 관점으로 꽤 오래전부터 교육현장의 교사들이 문제행동을 하는 아이들에게 적용해 왔던 행동수정기법은 바람직한 행동을 증가시키거나 문제행동을 감소시키기 위해 행동하는 아이의 자발성보다는 교사나 부모의 의도와 의지가 더 강조되는 특징을 가지고 있습니다.

특히, 행동수정기법은 강화(强化)와 벌(罰)이라는 후속자극(consequence stimulus)을 바탕으로 행동지도를 하는 경우가 많은데, 이러한 경우에는 주로 바람직한 행동을 증가시키거나, 바람직하지 못한 행동을 감소시키는 데 초점을 맞추게 됩니다. 즉, 행동을 증가시키고자 할 때는 강화자극을 사용하고, 행동을 감소시키고자 할 때에는 벌(혐오자극)을 사용하게 됩니다.

그런데 벌은 행동을 감소시키는 데 효과가 있는 것으로 알려져 있지만, 벌의 부작용도 만만치 않습니다. 그 부작용은 벌을 주는 사람을 피할 수도 있고, 벌주는 사람의 행동을 모방하거나 바람직하지 못한 행동뿐만 아니라 바람직한 행동도 감소시킬 수도 있습니다. 심지어 벌은 부정적인 심리적 문제를 야기하거나 바람직하지 못한 행동을 비의도적으로 교육하는 결과를 초래할 수도 있습니다.

이러한 후속자극 조절을 통한 행동을 수정하려는 전통적인 행동수정기법의 대안으로 긍정적 행동지원이 부각되었는데, 긍정적 행동지원은 행동의 결과보다는 행동의 원인을 찾고 문제행동을 대체하는 행동을 가르쳐서 바람직한 행동을 할 수 있는 기회를 주는 데 초점을 맞추고 있습니다. 그리고 긍정적 행동지원의 강조점은 행동지도자의 의지나 의도보다는 행동하는 아이의 생각과 자발성을 존중하여 아이의 행동과 생활 방식에 의미 있는 변화를 가져올 수 있도록 돕는 것이라고 할 수 있습니다.

앞에서 소개한 영수의 엄마가 질문한 것처럼 교사는 "영수가 하는 행동의 이유는 무엇일까?"에 초점을 맞추고 그 이유를 찾기 위해 영수의 엄마와 협력하기로 했습니다. 그 결과, 영수의 우는 행동은 '배고플 때'와 관련이 있고, 소리지르고 꼬집는 행동은 '잠이 올 때와 자신의 요구를 들어주지 않을 때'와 관련이 있으며, 밤에 잠을 잘 자지 못하는 행동은 '잠자기 전 태블릿 PC나 TV영상물의 시청'과 관련이 있는 것으로 파악되었습니다.

이에 따라 부모와 교사는 영수의 문제행동의 이유를 알고 그 이유를 해결해 주기 위해 협력했습니다. 우선 울기 전에 배고픔의 문제를 해결해 주었고, 잠자기 전에 영상물 시청을 하지 않도록 하여 잠자는 시간을 늦추지 않고 충분히 자도록 했으며, 자신의 요구를 관찰시키기 위해서는 꼬집는 행동이 아닌 상대방이 이해할 수 있는 다른 행동(대체행동)을 했을 때 요구를 들어주는 방식으로 행동을 지원하기 시작했습니다. 그러자 영수의 행동은 조금씩 변화되기 시작했고, 영수의 우는 행동, 소리지르는 행동, 꼬집는 행동이 눈에 띄게 줄어들었으며, 사회적 행동이 나타나기 시작했습니다.

이처럼 영수의 행동 변화를 가져오게 된 가장 큰 원인은 부모와 교사가 영수의 행동 이유를 이해하고 그 이유를 해결해 주는 방향으로 행동을 지원했기 때문입니다. 앞으로 영수에게는 자신의 행동을 이해하고 존중해 주는 가정과 어린이집이 그 어떤 곳보다도 '가장 편안하고 행복한 세상'이 될 것입니다.

　장보협 사회적협동조합에서는 '모든 아이가 행복한 세상'을 만들기 위해 지난

해 〈아동학대예방 시리즈·1—함께 성장하는 아이들과 어른들의 이야기〉를 발간한 데 이어서, 금년에도 〈아동학대예방 시리즈·2—아이의 행동에는 이유가 있습니다〉를 발간하게 되었습니다.

이 책은 행동하는 아이의 생각을 존중하고 자발성을 인정하여 아이의 행동과 생활 방식에 의미 있는 변화를 가져올 수 있도록 돕는 방법 중 하나인 긍정적 행동지원을 가정과 보육현장에서 적용한 실천 수기, 연구보고서들을 소개하고 있습니다.

〈아동학대예방시리즈·1〉에 이어 〈아동학대예방 시리즈·2〉가 나오기까지 적극적인 협조를 아끼지 않으신 전국 17개 지역의 장애아전문어린이집 부모님들과 보육교직원들께 진심으로 감사드립니다. 또한 바쁘신 가운데에서도 추천사를 보내주신 부산대학교 김자경교수님, 공주대학교 전병운교수님, 한국보육진흥원 조용남원장님, 육아정책연구소 황옥경소장님께 진심으로 감사를 드리며, 전문적인 식견을 담은 귀한 글을 보내주신 김진호교수님, 김수진교수님께도 진심으로 감사드립니다.

그리고 발간계획부터 공모 원고의 심사, 교정, 인쇄에 이르기까지 발간의 전 과정에 걸쳐 함께 협력해 주신 전국 장보협 지회장님들을 비롯하여, 출판분과 정윤자, 손재익, 신경진, 배재정, 윤원숙, 방언실 등 여섯 분의 위원님들과 김종년 작가님, 그리고 장재경사무처장님, 송미영국장님께도 이 자리를 빌려 감사의 마음을 전합니다. 끝으로, '장애인 먼저 장애아동 더 먼저'라는 슬로건에 맞게 장보협 사회적협동조합에서는 앞으로도 계속 '모든 아이가 행복한 세상'이 되도록 어른들이 힘을 모아가겠다는 또 한번의 다짐으로 이 책을 세상에 내놓습니다.

추천사

장애아동 학대를 해결하는 방법은
개별화교육계획(IEP)이라고 생각합니다

김자경 (부산대학교 특수교육과 교수)

세상에 같은 아이는 없습니다. 아마도 이 문구에 동의하실 겁니다. 장애를 지닌 아이들도 마찬가지입니다. 진단받은 장애 명칭이 같더라도 아이들은 모두 다릅니다. 장애아동은 장애 외에도 거주 지역, 가정환경, 문화적 배경, 사회·경제적 여건 등 다양한 요소가 상호작용하여 개별적이고 고유한 특성을 갖게 됩니다. 그렇기에 내가 가르친 한 아동의 성공 또는 실패 사례가 같은 장애로 분류되는 모든 아동에게 동일한 결과를 가져온다고 볼 수 없습니다.

이번 『함께해냄』 제41호 〈아동학대 예방 시리즈·2〉에서는 다양한 사례들을 통해 동일한 장애를 가졌더라도 아동의 특성이 다르고, 교육(보육)하는 과정에서 겪은 시행착오와 성공한 지도 방법 역시 다양함을 볼 수 있습니다. 이렇듯 다양한 특성과 배경을 가진 장애아동 교육(보육)을 위해서는 부모와 교육(보육) 기관의 행정가와 교사, 관련 서비스 전문가의 협력이 무엇보다도 중요합니다. 교사에게 부모나 언어재활사의 역할을 요구할 수 없으며, 그 반대도 마찬가지입니다. 각자는 고유의 전문성과 역할을 가진 장애아동 교육(보육)의 전문가입니다. 장애아동 교육(보육)에 있어, 교육 목표와 지원 내용 및 방법을 서로 협력하여 결정하고 실행하여야 합니다. 가정과 교육(보육) 기관이라는 다른 환경에서 동일한 지원 내용과 방법을 적용하고, 관련 서비스 전문가 역시 동일한 교육 목표 달성을 위해 지원 내용과 방법을 정하고 해당 전문 분야에 적용함으로써 교육(보육)의 효과는 배가될 수 있는 것입니다.

최근 어린이집 교사를 비롯하여 장애아동을 돌보는 위치에 있는 사람들에 의한 학대 사례가 종종 보도됩니다. 장애아동은 자신의 의사를 표현하거나 스스로를 보호하기 어려운 경우가 많아 학대에 더욱 취약하며, 한 번 발생하면 회복에 더 큰 어려움을 겪게 됩니다. 따라서 장애아동 학대에 대해 우리 사회는 민감하게 반응하게 됩니다. 한편 장애아동 교육(보육) 현장은 장애아동의 발달을 돕기 위한 교육적 시도를 하는 공간이지만, 동시에 안타깝게도 아동학대 문제가 쉽게 불거질 수도 있는 양면성을 가지고 있습니다.

이번 호 사례집의 글 중 한 교사는 "아동학대 교사로 오해받지는 않을까 하는 걱정이 앞서, 적극적인 개입이 어려웠다", "(치료를 시작할 때) 너무 심한 거부에 학대 교사가 된 것만 같은 기분이 들어 개입하기가 너무 힘들 정도였다"라고 언급하였습니다. 거부하는 장애아동에게 계속 교육(보육)을 시도하는 것은 학대가 아닌지, 그렇다고 시도하지 않는 것은 교육 방임 또는 방치가 아닌지, 교사의 번

뇌가 느껴지는 부분입니다. 방임 역시 아동학대이니 어떻게 해도 문제가 될 소지는 존재합니다. 이러한 문제를 해결할 수 있는 방법은 개별화교육계획(IEP)이라고 생각됩니다. 장애아동의 교육(보육) 목표와 지도 내용 및 방법은 IEP에 작성됩니다. IEP는 장애아동 개별 특성과 요구에 맞춰 특별히 고안된 교육 계획을 담은 '법적 문서'입니다. 부모와 교육(보육) 기관 행정가와 교사, 관련 서비스 전문가가 함께 협력하여 교육 목표와 지도 내용 및 방법을 세부적으로 작성하고, 이에 따라 교육(보육)을 시행하면 법적 보호를 받을 수 있게 되는 것입니다.

사례집의 글 중 또 한 분의 교사는 "한 아이를 키우기 위해서는 온 마을이 필요하다"는 아프리카 속담을 언급하였습니다. 이 속담은 아이의 성장과 발달에 공동체 전체의 관심과 노력이 중요하다는 의미를 담고 있습니다. 장애아동을 교육(보육)하기 위해서는 더더욱 그렇습니다. 또한 모든 아이는 배웁니다. 장애아동도 마찬가지입니다. 장애아동은 배움이 더딜 뿐이지 못 배우는 것이 아닙니다. 이번 호의 사례 글들을 통해 알 수 있듯이, 장애아동을 양육하고 교육(보육)하는 모든 당사자가 서로 신뢰하고 협력한다면 장애 유형 또는 장애 정도와 상관없이 우리 아이들은 긍정적으로 변화할 것입니다. 오늘도 우리 아이들을 위해 애쓰시는 모든 분께 감사드립니다.

추천사

아동에 대한 이해야말로
보호의 시작임을 보여주는 좋은 책입니다

전병운 (국립공주대학교 명예교수)

도전적 행동은 때로 교사와 부모에게 큰 어려움으로 다가옵니다. 자해, 타인 공격, 물건 파손, 강한 저항 등은 우리가 즉각적으로 '멈춰야 한다'고 느끼게 하지만, 그 속에는 늘 아이의 외침과 신호가 숨어 있습니다.

이번 『함께해냄』 제41호 〈아동학대 예방 시리즈·2〉에서는 그런 행동을 '문제'가 아닌 소통의 한 방식으로 이해하려는 교사들의 진심 어린 노력과 실천적 경험을 담고 있습니다. 무엇보다 주목해야 할 점은, 이러한 접근이 아동학대 예방의 중요한 출발점이라는 사실입니다.

우리가 아이의 행동을 억제하거나 통제하는 데 급급할 때, 자칫 보호의 이름으로 심리적·신체적 학대가 발생할 수 있습니다. 그러나 이 책에 실린 이야기들은 중재가 곧 보호가 되기 위해 무엇이 필요한지를 구체적으로 보여줍니다. 무엇보다 아이의 행동을 원인과 맥락 속에서 이해하려는 태도가 필요하고, 부모와의 긴밀한 협력, 가정과 어린이집의 일관된 지원, 그리고 신체적 개입의 최소화와 신중한 판단이 요구됩니다.

긍정적 행동지원(PBS)은 아이의 권리를 중심에 둔 하나의 실천 전략이라고 볼 수 있습니다. 이러한 접근은 단지 행동을 바꾸는 것이 아니라, 아이의 존엄과 안전, 그리고 발달권을 지키는 과정이기도 합니다. 교사와 부모가 아이를 '통제'하려는 시도에서 벗어나 '이해하고 돕는 동반자'가 될 때, 학대는 예방되고 진정한 보호가 시작됩니다.

이 책에 담긴 이야기들이 모든 교육 현장과 가정에 '도전적 행동은 곧 이해의 기회'라는 믿음을 심어주기를 소망하면서, 이 책을 장애아동 교육을 위해 노력하는 모든 구성원들께 추천하고자 합니다.

추천사

함께 성장하는 아이들과 어른들의
여러 사례를 통해 희망을 배우도록 합니다

조용남 (한국보육진흥원 원장)

이번 『함께해냄』 제41호 〈아동학대 예방 시리즈·2〉는 아이의 성장뿐 아니라, 그 성장을 지켜보며 변화를 겪은 어른들의 이야기까지 담아낸 특별한 책입니다.

이 책은 장애영유아를 담당하고 있는 교사와 부모가 겪는 고된 현실과 그 속에서 피어나는 희망, 감동적인 변화의 순간들을 생생하게 보여줍니다. 하루하루 아이를 이해하고 함께 웃고 울며 만들어낸 경험은 아동학대 예방의 현장적 지혜로 다시 태어났습니다.

이 책에 담긴 이야기들은 단순한 사례가 아닌, 우리 모두가 함께 고민하고 실천

해야 할 메시지를 품고 있습니다. 특히, 장애라는 이유로 보호와 존중에서 소외되지 않도록 사회 전체가 연대해야 한다는 강한 목소리를 전하고 있습니다.

이 책이 현장에서 애쓰고 있는 선생님들과 부모님들에게 깊은 위로와 용기, 그리고 실천의 방향을 전해줄 것이라 확신합니다. 장애아동 학대 예방을 위해 앞장서고 계신 모든 분들께 깊은 감사의 마음을 전하며, 이 책을 적극 추천합니다.

추천사

현장에서 바로 활용할 수 있는
단계별 개입 모델을 제공하는 귀한 사례집입니다

황옥경 (육아정책연구소 소장)

어린이집 현장의 작은 목소리 하나하나가 모여 더 나은 미래를 위한 든든한 기반이 됩니다. 『함께해냄』 제41호 〈아동학대 예방 시리즈·2〉는 보육 현장에서 매일 일어나는 실제 경험을 담아, 선생님·치료사·부모가 함께 나눈 소통과 협력 과정을 생생히 기록한 살아 있는 안내서입니다.

이 사례집은 단순한 사례 모음에서 나아가, 현장에서 바로 활용할 수 있는 단계별 개입 모델을 구체적으로 제공합니다. 아이의 작은 몸짓 하나, 표정 하나에서 출발한 세밀한 관찰 포인트가 체계적으로 정리되어 있으며, 유의해야 할 점과 그간의 시행착오를 솔직하게 공유해 주어 진정성을 높였습니다. 장애 영유아 돌봄 과정에서 맞닥뜨린 편견과 한계를 극복하기 위한 다양한 중재 방법이 어떻게 유기적으로 결합되는지도 상세히 풀어냅니다. 이러한 통합적 접근은, 모든 아이에게 열린 돌봄 환경을 설계하는 데에 꼭 필요한 혜안을 제공합니다.

특히 이 시리즈는 현장에서만 감지할 수 있는 미묘한 신호를 놓치지 않는 관찰력과, 그에 즉각 대응한 개입 과정을 충실히 보여 줍니다. 교사들이 반복 관찰과 실전 경험에 기반한 데이터로 신뢰성을 더했습니다. 이 과정을 따라가다 보면, 아이 한 명 한 명에게 맞춤형 지원을 제공하는 길이 더욱 선명해집니다.

사례집 전반을 관통하는 메시지는 '함께 만드는 돌봄 공동체'입니다. 보육·치료·가정·지역사회가 동일한 목표 아래 협력할 때 비로소 실질적 변화가 가능하다는 점을 강조하며, 다양한 협력 방안을 구체적으로 안내합니다. 현장에서의 활용은 물론이거니와 연구자 및 정책 입안자 역시 이 협업 모델을 참고해서 더욱 효과적인 돌봄 체계를 구축할 수 있을 것입니다.

이 귀한 기록이 더 많은 현장과 정책 현장에 전해져, 작은 실천 하나하나가 모여 따뜻하고 신뢰할 수 있는 보육 생태계를 완성하기를 진심으로 기원합니다. 육아정책연구소도 현장의 목소리를 정책에 반영하며, 누구 하나 소외되지 않는 안전한 돌봄 환경을 함께 만들어 나가겠습니다.

『함께해냄』(제41호) 특별기획
아동 학대 예방 시리즈 · 2

아이의 행동에는 이유가 있습니다

대한민국 현장 전문가들이 전하는 긍정적 행동지원 솔루션

긍정적 행동지원이란 무엇인가?

김진호(순천향대학교 특수교육과 명예교수)

긍정적 행동지원(PBS: Positive Behavior Support)은 문제 행동을 감소시키고 바람직한 행동을 증진시키기 위하여 대상 아동 및 아동과 관련된 환경을 조정하고 긍정적인 중재방법 사용을 강조하는 한층 발전된 행동중재 모델로 볼 수 있습니다. 인간의 행동을 중재하는 데 있어서 학교와 임상현장에서 사용되는 행동주의 이론과 방법은 일반적으로 행동수정, 응용행동분석, 그리고 긍정적 행동지원으로 변화하고 발전되어 왔습니다. 긍정적 행동지원은 이전에 대두된 행동수정과 응용행동분석의 과학적 원리와 중재 방법을 사용하지만, 부적절한 행동을 다루는 관점을 근본적으로 바꾸었습니다.

아동의 행동변화에 있어서 이전의 관점들은 문제행동에 대하여 처벌적이고 사후 반응적인 방법을 주로 사용하였습니다. 그러나 긍정적 행동지원은 문제행동에 집중하기보다는 문제행동과 상반되는 긍정행동이나 대체행동을 적극적으로 가르치는 것을 더욱 중요하게 여깁니다. 또한 문제행동이 일어나는 것을 사전에 예방하는 방법과 아울러 학습환경을 잘 조정하고 관리하기 위한 방법들도 중요하게 사용합니다.

문제행동을 한 가지 예로 들어서 설명하겠습니다. 아동이 교실에서 착석하지 않고 돌아다니는 행동을 한다고 가정해 봅시다. 이전의 방법들은 아동이 착석하지 않고 돌아다니는 문제행동을 목표행동으로 삼고 이것을 감소하기 위하여 사후 반응적이고 처벌적인 방법을 주로 사용하였습니다. 그러나 긍정적 행동지원은 돌아다니는 문제행동과 상반되는 긍정적인 행동인 착석행동을 목표행동으로 삼고 중재합니다. 즉, 착석행동을 구체적으로 교수하고, 착석행동이 일어날 수 있도록 사전에 환경을 변화시키고 또한 착석행동을 할 때마다 후속강화를 적용함으로써 목표로 하는 착석행동 발생이 증가하도록 합니다. 착석행동이 증가하면 돌아다니는 문제행동은 자연스럽게 감소됩니다. 착석행동과 돌아다니는 행동은 동시에 일어날 수가 없는 상반행동이기 때문입니다. 이와 같이 긍정행동인 착석행동을 가르치고 증가시키면 필연적으로 돌아다니는 문제행동은 자동적으로 감소되는 것입니다. 이러한 관점에서 중재모델의 이름을 '긍정적 행동지원' 또는 '긍정적 행동 중재 및 지원'이라고 부르는 것입니다.

긍정적 행동지원은 아동과 교사의 정서적·심리적 관계도 자연스럽게 향상시킬 수 있습니다. 앞에서 예로 제시한 교실에서 돌아다니는 문제행동을 감소시키려고 하면 일반적으로 처벌과 같은 부정적인 방법을 많이 사용하게 되고 아동과 교사와의 관계도 부정적인 것이 됩니다. 하지만 긍정적 행동지원을 적용하면 착석행동에 대한 긍정적인 강화를 주로 하기 때문에 아동과 교사와의 관계가 더욱 좋은 관계로 형성되는 것입니다. 이렇게 긍정적 행동중재를 통해서 아동과 교사 사이에 좋은 관계가 만들어지면 일상의 생활환경에서 여러가지 문제행동들도 줄어들게 되어 아동의 모든 생활에서 긍정적인 변화가 일어나게 됩니다.

이러한 관점에서 긍정적 행동지원은 학교와 가정에서 가장 효과적인 방법으로 널리 사용되고 있습니다. 문제행동이 발생하는 이유나 원인을 기능적으로 분석(기능적 행동평가)하고, 행동이 나타나는 맥락과 환경을 조정하여 근본적인 해결을 시도합니다. 또한 일시적인 행동 변화에 초점을 두기보다는 지속가능하고 장기적인 긍정적 변화를 목표로 하며, 개인의 삶의 질 향상과 자율성을 높이려고 합니다. 결과적으로 긍정적 행동지원은 보다 인간 중심적이고 예방적이며 윤리적인 접근을 통해 문제행동을 줄이고 긍정적인 행동을 촉진함으로써, 아동이 자립적인 삶을 살아갈 수 있도록 돕는 것을 목표로 하는 행동중재 이론 및 실천 모델이라고 할 수 있습니다. 긍정적 행동지원의 중요한 특징을 간략하게 제시하면 다음과 같습니다.

첫째, 긍정적 행동지원은 문제행동을 단순히 감소시키려는 것보다 긍정적인 행동을 가르치고 강화하는 데 더 중점을 둡니다.

둘째, 문제행동이 일어나는 것을 사전에 예방하는 것을 강조하며, 3단계에 걸친 예방적 중재 체계를 사용합니다. 문제행동이 생기지 않도록 사전에 바르게 가르치는 예방적 행동중재를 적용한다면, 이미 문제행동을 보이는 아동을 교육하고 중재하는 데 드는 많은 시간과 노력을 절약할 수 있으며 이로 인하여 아동의 삶도 더욱 행복해지기 때문입니다.

셋째, 행동중재를 적용하는 데 있어서 아동 한 명을 대상으로 하는 개별 차원의 행동중재뿐만 아니라 집단 차원과 학교 차원의 행동중재 이론과 방법까지도 확대하여 적용합니다. 즉, 모든 학생들에게 문제행동을 예방하고 바람직한 행동을 높이기 위하여 개별 차원, 집단(교실) 차원, 학교 차원의 중재프로그램을 구성하여 적용하는 다양한 기법들을 사용합니다.

넷째, 효과적이고 지속적인 행동변화를 위해서 문제행동뿐만 아니라 아동의 전반적인 생활 영역을 대상으로 하기 때문에 담당 교사뿐만 아니라 부모와 관련된 여러 사람들 간의 협력적인 접근을 강조합니다. 대상 아동에 대한 구체적인 긍정적 행동중재의 적용 절차는 일반적으로 다음의 3단계로 이루어집니다.

【1단계】 기능적 행동평가를 실시합니다. 기능적 행동평가(FBA: Functional Behavioral Assessement)는 특정한 문제행동과 관련된 조건과 예상되는 기능들을 파악하는 과정을 의미합니다. 직접 또는 간접적인 평가 방법을 사용하여 자료를 수집하고, 수집된 평가 자료는 문제행동을 유발시키는 조건과 문제행동의 기능에 대한 가설을 세우는 데 사용됩니다. 행동중재는 이러한 가설에 기초하여 구성하게 됩니다. 행동중재 구성에서 가설이란 아동이 어떤 상황에서 문제행동을 하는지 그리고 문제행동을 한 뒤에 어떤 후속결과를 받게 되는지를 파악함으로써 문제행동을 하는 이유와 기능을 파악하고 정리한 것을 가설이라고 합니다. 이러한 기능적 행동평가는 구체적으로 세 가지 단계로 이루어집니다.

첫째, 간접자료와 직접자료를 수집합니다. 간접적 자료 수집은 아동을 잘 알고 있는 사람이나 또는 아동이 있는 교육환경에서 일을 하고 있는 사람으로부터 정보를 수집하는 것입니다. 이것은 주로 면담이나 평정척도, 체크리스트를 통해 이루어집니다. 직접적 자료 수집은 문제행동 발생과 관련된 환경 맥락에서 학생을 직접 관찰하는 것입니다. 이러한 자료 수집 단계는 어떤 조건에서 목표행동이 발생하거나 발생하지 않는지를 결정하고, 목표행동의 기능을 파악하기 시작하는 단계입니다. 부적절한 문제행동뿐만 아니라 적절한 긍정행동에 대한 선행사건이나 조건을 파악하는 것도 중재 계획을 개발하는 데 많은 도움이 됩니다. 둘째, 수집된 간접자료와 직접자료를 사용하여 대상아동의 행동 패턴을 찾으면서 모든 자료를 체계적으로 분석합니다. 셋째, 어떤 조건에서 문제행동이 발생하거나 발생하지 않는지, 그리고 문제행동의 기능이 무엇인지에 대한 가설을 세웁니다.

【2단계】 구체적인 행동중재 계획을 구성하고 실행합니다. 여기에는 목표행동에 대한 선행사건을 조정하는 것과 학생이 그러한 선행사건에 더욱 잘 반응하는 데 필요한 새로운 행동을 가르치는 것과 학생이 문제행동보다는 적절한 행동을 함으로써 원하는 후속결과를 얻을 수 있게 하는 방법과 기법 등을 포함합니다. 구체적으로 5가지 중재 방법을 일반적으로 사용하는데 다음과 같습니다. ① 배경사건 중재방법, ② 선행사건 중재방법, ③ 긍정행동 및 대체행동 교수방법, ④ 문제행동 감소를 위한 후속반응 방법, ⑤ 긍정행동 증가를 위한 후속반응 방법입니다(이러한 방법에 대해서는 긍정적 행동지원에 대한 책을 보시기 바랍니다).

【3단계】 중재 계획과 실행을 모니터링하고 조정합니다. 행동중재가 적절하게 실시되고 있는지 늘 관찰하고 자료를 수집하면서 파악하여야 합니다. 행동중재 방법의 수정이 필요할 때에는 추가적인 방법을 모색하여 적용하면서 행동중재가 더욱 효과적으로 실행되도록 조정합니다.

바른 지식이 있어야 바르게 교육하고 양육할 수 있습니다. 행동중재에 대한 지식이 없이 현장에서 경험하면서 중재하겠다는 것은 많은 시행착오를 겪게 할 뿐만 아니라, 아동과 교사까지도 불행하게 합니다. 오랜 시간에 걸쳐 수많은 위대한 사람들에 의해서 개발되어 온 긍정적 행동지원과 같은 효과적인 행동중재 이론과 구체적인 중재 방법을 배우고 익혀서 모든 삶의 현장에서 잘 적용하기를 바랍니다. 이를 통하여 모두가 더욱 행복해지기를 바랍니다.

안전하다는 믿음을 주는 긍정적 행동지원

김수진(연성대학교 유아특수재활과 교수)

한국의 척박한 특수교육 상황에서 『함께해냄』으로 새로운 길을 열어나가는 전국장애아보육제공협의회 소속 교사와 치료사, 부모님의 글은 그 길에 뿌려진 씨앗이며 열매이고 꽃송이입니다. 특별히 '도전 행동'에 대한 '긍정적 행동지원'은 길 위에 놓인 돌부리를 치우고 웅덩이를 메우는 손길이며 함께 가는 발걸음입니다.

생활연령에 비하여 심한 지연을 보이는 중도(severe) 장애아는 여전히 구강기 탐색에 몰두합니다. 의미 있는 한 단어 표현이 없는 아이의 마음을 헤아리는 것은 무척 어렵습니다.

아이가 만나는 세상은 새로운 것들로 가득합니다.

들리고 보이고 만지고 닿는 여러 가지 자극들은 낯설고 두렵습니다.
아이는 원하는 것과 원하지 않은 것을 구별하여 표현하기 어렵습니다.
몸짓으로 울음으로 행동으로 표현하는 아이의 마음을 헤아리지 못합니다.

자신의 몸을 자극하여 상처를 내는 아이를 어떻게 도울 수 있을까요? 큰 소리를 내며 발버둥을 치며 우는 아이를 멈추게 하는 방법은 무엇인가요?

행동 수정이 교수 방법으로 많은 특수교육 상황과 장애인의 문제 행동 지도에 적용되었습니다. 침을 뱉는 행동을 보이면 순간적으로 얼굴을 향해 스프레이를 뿌렸습니다. 머리를 벽에 박는 행동을 보이면 전기자극 장치가 있는 특수 모자를 씌웠고 착석하는 행동 시간을 늘리기 위해 일어서면 전기자극이 방출되는 의자에 앉히기도 하였습니다. 손목을 깨무는 아이에게 프링글스(감자칩상품명) 통의 입구를 뚫어 팔에 끼우기도 하였습니다. 머리를 벽에 박는 행동, 자기 팔을 깨물어 상처 내는 행동을 멈추게 하기 위한 목적이었습니다. 과연 그런 행동들은 모두 소거되었을까요?

침을 뱉기 전의 상황은 어떠한지, 침을 뱉으면 어떤 일이 일어나는지 살펴보아야 합니다. 의자에 앉아서 무엇을 하기를 요구하는지, 머리를 벽에 박기 전에 누가 무엇을 요구했는지를 알아야 합니다. 상처가 나도록 자신의 피부를 무는 행동의 진정한 목적이 무엇인지를 가늠하여야 합니다.

미국은 장애인의 행동을 평가하기 위해서는 문제 행동으로 규정하기 전에 행동의 원인을 평가해야 하는 기능평가의 조항을 법률에 명시하여 강조하고 있습니다. 행동의 원인을 알기 위해서는 아이의 환경을 더 자세히 들여다보아야 합니다. 그래서 행동 발생 전의 상황인 선행조건(Antecedent) 파악에 앞서 배경 사건의 정보가 더 중요합니다. 배경 사건은 아이가 어디에서 누구와 어떤 상호작용을 경험하고 있는지에 대한 매일 매일의 일상의 삶의 질을 살펴보는 것과 관련됩니다. 충분한 보살핌을 받고 있는지, 아이가 시도해 볼 수 있는 기회가 제공되고 있는지, 그 아이와 함께 살고 있는 부모와 가족들의 마음과 행동은 어떠한지….

해와 바람이 내기를 하여 나그네가 옷을 벗게 되는 우화를 떠올려 봅니다. 거친 바람 속을 걸어가는 나그네의 옷을 누가 벗길 수 있었나요? 바람이 더 거세게 불었을 때 나그네는 옷을 더 움켜잡았고 따뜻한 햇살이 비추어 줄 때 나그네는 비로소 옷을 벗었습니다. 나뭇잎을 좋아하는 아이에게 나뭇잎으로 놀이를 확장해 준 선생님, 물을 좋아하는 아이에게 물놀이를 마음껏 할 수 있게 해 준 선생님, 소리에 귀 기울이는 아이에게 다양한 소리를 들려준 선생님… 모두 아이를 비추는 한 줄기 햇살입니다. 우리가 만나는 특별한 요구를 가진 아이는 거친 바람 속에서 옷을 더 움켜쥐고 고개를 숙이고 힘겹게 나아가는 모습이 아니라 천천히 세상을 바라보며 나아가는 귀하고 행복한 존재입니다.

아이의 외침은 더 이상 괴성이 아닙니다. 꼬집는 손가락은 검지를 펴고 자신의 요구를 지적하는 포인팅의 손길로 바뀔 수 있습니다. 그림으로 몸짓으로 자신의 요구를 표현할 수 있게 이끌어 준 선생님들의 노력으로 아이도, 부모도 안개 속을 걷는 세상에서 환한 세상으로 나오게 됩니다.

특별한 지원이 필요한 우리 아이들에게는 무엇보다도 자신을 둘러싼 세상은 안전하다는 믿음이 심어져야 합니다. 특별한 지원을 하는 선생님들에게는 아이가 스스로 자신의 행동을 조절해 나갈 수 있으리라는 믿음이 필요합니다. 아이의 잠재력을 믿는 선생님과 부모님들이 함께해야 합니다. 긍정적 행동지원은 그래서 아이의 변화에 대한 믿음을 강조합니다. 포기하지 않고 오늘도 내일도 시도해 봅니다. 실수는 배우게 되는 기회를 줍니다.

긍정적 행동지원을 받은 장애아는 자신을 둘러싼 세상이 안전하다고 믿게 됩니다. 따뜻한 말과 접촉을 통하여 바람직한 행동을 배웁니다. 행동 문제를 보이는 장애아를 두려워하기보다 적극적인 도움을 제공하는 사람으로서 어떤 행동이 상호작용을 방해하는지, 어떤 행동이 일상생활에 참여할 수 있는지를 배우게 됩니다. 긍정적 행동지원은 악의 없이 온화한 방식으로 이루어집니다. 행동 문제의 교정에만 중점을 둔 것이 아니라 참여를 격려하는 제안으로 장애아에게 하고자 하는 동기를 줍니다.

부정적 행동 지도가 아닌 긍정적 행동지원을 통하여 장애아도 부모도 선생님도 모두가 함께 평화롭고 안전하게 살아가는 삶의 길을 나아갑니다.

켜켜이 쌓여
감사가 배가되는 시간들

/ 김재경

한 보육교사가 장애아동과 함께 성장하며 겪은 경험을 이야기합니다. 처음에는 아이를 가르치는 것에 어려움을 느꼈지만, 아이를 관찰하고 이해하려 노력하면서 아이의 변화를 이끌어내고 그 과정에서 큰 보람을 느낍니다. 아이의 어머니 또한 아이의 성장을 보며 힘든 시간을 극복하고 희망을 얻었으며, 교사에게 깊은 감사를 표합니다. 교사는 이 아이와의 9년이라는 긴 시간 동안의 인연을 통해 교사로서의 삶에 큰 변화를 겪었음을 밝히고, 앞으로도 아이들과 함께 성장하며 교사의 길을 걷겠다고 다짐합니다.

나는 장애아전문어린이집에서 장애 영유아들을 담임하고, 현재는 장애아전문어린이집 초등 방과 후 아이들을 담임하고 있는 보육교사이다. 내가 지금까지도 장애 아이들과 함께 지내며 높게만 느껴졌던 장애라는 벽을 넘어 한결같은 마음으로 힘과 용기와 보람을 갖게 하는 데 영향을 준 아이가 있다. 그 아이와 어머니, 그리고 내가 함께 성장해 온 이야기를 하려 한다.

똘망똘망한 눈망울과 천방지축의 활동적인 데다 입가에는 항상 웃음기가 가득한 6살의 예쁜 아이를 담임하게 된 해는 2016년의 초여름이었다. 발달 지연으로 6살의 아이는 일반 어린이집에서 장애아전문어린이집으로 오게 되었고, 단단한 체력과 높은 돌고래 고음을 아주 잘 내고 하얀 피부의 예쁜 아이였다. 6살 아이가 그러하듯 하루하루를 활기차게 잘 보내고 있었다. 하지만 그에 반해 나는 하루하루가 지날수록 몸도 마음도 피폐해져만 갔다. 어린이집에서 개별화 수업 시간이면 책상 앞에 마주 앉아 흥미를 주며 아이에게서 하나라도 더 끌어내고자, 가르쳐 주고자 성급하고 애가 탄 교사로 마음만 앞섰다.

그런데 아이는 그런 교사의 마음은 아랑곳하지 않고 해맑게 웃으며 책상을 발로 딛고 넘어가 교실 문을 박차고 내달려 3층까지 이어진 계단을 오르며 천방지축 신이 나 있었다. 이런 성향을 가진 아이를 하루하루 돌보며 매 순간이 긴장이었고 한시도 눈을 뗄 수가 없었다. 이 아이의 모든 행동들을 감당하고 지도해 나가기란 쉽지 않았고, 어떤 방법으로 접근하여 어떻게 지도해 주어야 할지 몰라 '정말 이 길은 내 길이 아닌가?' 하는 마음에 아이가 등원하는 시간이 올 때면 두려움마저 들었다.

몸도 마음도 지쳐 갈 무렵, 문득 '이렇게 보낼 것이 아니라 무슨 방도라도 찾아야겠다' 하는 마음에 먼저 '아이에 대해 내가 알아야 이 아이와 소통을 하고 교감하며 내게 주어진 과제들을 하나씩 풀어낼 수 있겠구나!' 하는 생각이 들었다.

"아"라는 돌고래 같은 높은 소리를 하루에도 몇백 번씩 내는 이유가 분명 있겠구나! 그럼 이 아이의 고음의 소리는 자신만의 언어이고 소통의 방식이겠구나! 하는 생각이 들었다. 그때부터 유심히 아이를 관찰해 나가기 시작했다. 소리의 높낮이와 크고 작은 음량을 관찰하며 그 소리 안에 아이가 원하는 뜻이 각기 다르다는 것을 느꼈다.

아마도 그때부터였던 것 같다. 하루하루… 시간이 흐를수록 되레 내가 아이에 대해 알아가는 것이 아니라, 아이가 날 알아주는 것만 같은… 그런 따뜻한 마음이 스며들기 시작했다. 하루의 일과 과정들을 아이가 수행해 나가는 것은 일반 아이들이 몇 번 가르쳐 주고 지도해 주면 수행할 수 있는 일들이 아니었다.

자신의 눈, 코, 입을 가리키는 것부터 다른 사람의 눈, 코, 입을 가리키기까지… 동화책을 한 장씩 넘기는 것부터 동화책의 글자를 읽을 수 있게 되기까지… 색종이의 빨간색을 찾는 것부터 색연필의 빨간색을 찾아 색을 칠하게 되기까지… 혼자 놀던 놀잇감을 친구에게 스스로 나눠 주고 함께 놀이를 할 수 있게 되기까지… 교사가 떠먹여 주던 음식을 스스로 도구를 활용해 입으로 가져가 먹고 삼키기까지… 신발의 왼쪽, 오른쪽을 바르게 찾아 신기부터 스스로 자신의 신발을 찾아 신기까지… 교사와 눈을 맞춤부터 노래와 율동의 동작을 보고 따라 모방하기까지… 등원하며 함께 인사하기부터 귀가할 때 스스로 인사하기까지….

하나씩 수행해 낼 수 있도록 지도해 주고 격려해 주면서 내 안에 가슴 벅찬 보람과 감동이 생겨났다. 어느 날은 같은 반 선생님들에게 우리 아이가 해냈다고 큰소리로 자랑하자 그 마음을 선생님들은 누구보다도 잘 알고 있었기에 함께 박수로 환호하며 기뻐해 주었다. 그 아이가 나의 인생에 준 큰 변화는 내 삶의 전환점이 되었다고 하여도 과언이 아니었다.

그 아이로 하여금 장애 아이를 바라보던 나의 눈과 시선이, 그리고 '장애'라는 큰 벽을 대하는 나의 태도가 조금씩 변해 가고 있음을 느꼈다.

그 아이가 언어가 트이지 않아 초등학교를 1년 유예하고 9살이 되던 해 졸업식이 있던 날, 그 아이의 부모님은 참석하지 못했다. 부모님을 대신해 참석한 할아버지의 눈가는 촉촉해 있었다. 그 이유는 아이의 어머니가 복부에서 암을 발견하고 항암 치료 중에 수술도 하고 치료를 위해 대도시에서 입원해 있었기에 졸업식에는 참석이 어려웠다.

졸업식이 끝나고 사진을 찍어 주며 할아버지께서 나에게 말씀하셨다.

"선생님! 우리 손녀 잘 지도해 주셔서 정말 고맙습니다."라고 복 메인 소리로 말씀하시며 눈시울이 붉어지시고 결국 눈물을 보이셨다. 눈물을 훔치시며 "아이 엄마가 아파서 애들이 불쌍해서 어쩐데요."라고 하시며 한숨까지 내쉬었다.

나 또한 참아왔던 가슴 아픈 사연들로 인해 눈물이 터지고 말았다. 할아버지와 서로를 다독이며 졸업식을 마치고 정리가 끝난 뒤, 오후에 그 아이의 어머님으로부터 연락을 받았다. "선생님! 많이 우셨죠! 사진에도 고스란히 찍혀 있어서 제 마음이 더 아팠어요! 그래서 저도 많이 울었어요."라고 하셨다. 그리고 그동안의 힘겨웠던 아이와의 삶과 고마움을 이렇게 말씀하셨다.

"6살이 되기까지 아이와 바깥으로 놀러 나가 본 적이 없었는데, 선생님이 잘 지도해 주신 덕분에 아이와 동물원도, 놀이동산도 처음으로 가보았어요. 저 멀리 신나서 달려가는 아이를 바라보며 이름을 부르고 '멈춰! 엄마랑 같이 가야지!'라고 하자, 아이가 금방 멈춰 섰고, 뒤를 돌아보며 다시 엄마에게로 달려오는 모습에 얼마나 감동했는지 몰라요."

"비슷한 아이 둘을 키워 내며 제가 우울증도 있었고, 시댁에서도 제 탓을 많이 했던 터라 스트레스도 많이 받고, 아이를 위한다고 MRI도 두 번이나 검사하며 무엇이 문제인지 알 수 없어 몸과 마음이 많이 힘들었어요. 그런데 엄마로서 단 한 번도 느끼지 못했던 일들을 느껴보게 되면서, 선생님의 세심한 관찰력으로 엄마인 저보다 제일 먼저 관찰해서 말씀해 주신 덕분에 하나하나 정말 이해하며 아이에 대해 알아 갈 수 있었어요."

"그리고 남들이 들을 땐 우리 아이는 그냥 괴성을 지르는 소리나 의미 없이 내는 소리인 줄만 알 텐데… 선생님이 '아이가 노래를 불러요'라는 말씀을 하셨을 때 저도 믿지 못했었는데, 글쎄 우리 아이가 관심도 없던 노래를 음원을 흥얼거리고 소리 내어 부르기도 하고, 율동 동작에 관심이 없었는데 몸을 움직여 음악에 맞춰 선생님 동작을 모방해서 따라 하고 있더군요."

"어느 날부터 화장실이나 화장대 거울을 보고 자신의 얼굴을 보며 눈맞춤을 하고, 이젠 스스로 거울을 보며 예쁜 짓을 다양한 표정으로 해 보이고 있더라고요. 다 선생님들이 애써 주신 덕분이라고 생각이 들어요. 정말 고맙습니다, 선생님."

그 아이가 초등학교에 입학하게 될 때, 나는 유아반 교사에서 방과 후반 교사로 올라오게 되었고, 그때부터 다시 그 아이를 담임하게 되었다.

그로부터 초등학교 6년을 함께 보내며 그 아이는 부모님의 간절한 소망을 담아 '더 건강하고 더 발달해 나아가는 멋진 모습을 기대한다'는 의미를 담아 개명도 하였다. 그리고 언어 발달에 도움이 되고자 설소대 수술까지 하게 되어 지금은 두 어절의 문장으로 단어를 소리 내어 스스로 표현도 하며 의사 표현이 가능하게 되었다.

저학년의 과정과 고학년의 과정, 그리고 사춘기와 2차 성징까지 함께 겪어 내며 치료사 선생님들과 회의하고, 어머님과 상의해서 가정과 연계하며 하나하나 숙제를 풀어가듯 그렇게 아이를 위해 최선을 다해 나갔다.

엄마와 소통하고, 아이와 소통하며 보낸 세월이 어느 것 하나 허투루 보낸 시간이 없었으며, 그런 사이 어머님도 5년이라는 시간 속에서 완치 판정을 받으셨다. 이젠 교사인 나보다 키도 더 크고 체격도 더 커 버린 열다섯 살의 아이와 마지막 작별하던 졸업식 날. 어머님은 또 눈물을 보이시며 그동안의 마음을 이렇게 토로하셨다.

"그동안 선생님께 너무 의지를 많이 했었나 봐요. 이제 어떻게 또 아이를 키워나가야 할지 걱정부터 앞서네요. 또 새로운 숙제를 안고 아이와 저는 세상으로 진짜 홀로서기를 해야 하는데… 자꾸 눈물부터 납니다. 졸업식에도 눈물을 안 보이려 애써 참아보려는데도, 이젠 정말 선생님과의 인연이 여기서 끝이라는 생각을 하니 계속 눈물이 납니다. 선생님과 어린이집에서 보낸 적지 않은 세월에 어린이집 원장 선생님과 치료사 선생님들, 담임선생님은 물론 함께 애써 주신 선생님들과 주방 선생님, 차량 선생님까지 정말 정말 너무 감사드립니다."

펑펑 흐르려는 눈물을 애써 서로 참아가며 다독여 안아 주고 두 손을 꼭 잡았다. 그리고 다음에 꼭 찾아뵈러 오겠다는 약속과 함께 서운함과 아쉬움이 컸지만, 좋은 추억으로 간직한 채 작별의 시간을 보냈다.

한 아이와 9년에 가까운 세월 동안 함께하며 보낸 시간들이 이젠 켜켜이 쌓인 추억과 경험이 되어 내 마음과 기억 속에 고이 간직하며 한 권의 앨범을 만들어 두려 한다. 내 생애 다시 없을 인연이었으며, 다시 만나지 못할 사랑스럽고 애틋한 아이였다. 이제 새로운 세상으로 나아가 새롭게 만난 사람들과 또 다른 인연을 만들고, 또 다른 추억들을 쌓아 갈 것이다. 어느 만큼의 시간이 흘러 다시 만난다면, 그 아이는 나를 기억해 줄까? 그때의 그 마음 그대로 말이다.

이제부터 또 새로운 아이들과 새로운 꿈을 꾸며 함께 나아가야 한다. 마음도 뜻도, 걸어가는 방향도 같은 우리 선생님들과 또 다른 숙제를 맞아 머리를 맞대며 하나하나 지혜를 구해 풀어나갈 것이다.

그래서 지금의 내가 서 있는 이 자리 그대로 내 사명이 다하는 그날까지 이 아이들과 울고 웃으며 추억 한 권을 또 써 내려가려 한다. 그러므로 지금도 잊을 수 없는 그 아이와 부모님께 정말 고마움과 감사한 마음을 간직한다. 오늘도 장애 아이들을 교육하고 지도하며 나의 자리에서 힘차게 에너지 충전하며 함께 웃고 살아가고 있다.

아들,
우리 오늘 외식하자

/ 진나경

장애아전문어린이집에서 근무하는 특수교사가 한 아동과의 경험을 통해 겪은 어려움과 성장을 이야기합니다. 처음에는 자해 행동이 심한 아동으로 인해 힘들어했지만, 부모님, 치료사, 가족 모두의 협력을 통해 아이가 점차 긍정적인 변화를 보이는 과정을 상세히 설명합니다. 특히 도전 행동 지도 동의서 작성을 통해 교사와 부모의 협력적인 접근 방식이 가능해졌음을 보여주며, 아이의 성장은 온 마을의 노력 덕분이었음을 강조합니다. 결국 특수교사는 이 경험을 통해 장애 아동에 대한 인식이 변화하고, 앞으로는 장애 여부와 관계없이 자녀를 낳겠다는 확신을 갖게 되었다고 이야기합니다.

장애아전문어린이집에서 근무하는 특수교사인 내가 유아특수교육과에 재학할 때부터 친구들에게 가장 많이 듣는 질문이 있다. "넌 임신했는데 아이가 장애아일 확률이 높다고 하면 낳을 거야?" 특수교사로서 부끄러운 일이지만, 처음 근무를 시작했을 때까지만 해도 선뜻 낳을 거라는 말이 입 밖으로 나오지 않았다.

장애아전문어린이집에서 근무하며 만난 아이들은 각자의 개성이 뚜렷하였다. 그중 나를 가장 놀라게 한 아이가 있었다. 5월 중도 입소한 아이였는데, 첫 등원부터 자신의 몸에 스스로 상처를 주며 울음이 끊이지 않는 모습을 보였다. 첫날이라 힘들어 그런 것이라고 생각하려 했지만, 일주일이 지나도 등원부터 하원까지 울음소리가 끊이지 않았다.

부모님과 상담할 때, 부모님이 하신 말씀 중 가장 내 마음을 아프게 한 말이 있다. "선생님, 가족 외식 한 번 해본 적 없어요. 같이 식당 한 번 가기가 무서워요. 어린이집 보내기도 두려웠는데, 우리 아이도 다닐 수 있다는 어린이집이 있다길래 와봤어요." 한 아이를 키우기 위해서는 온 마을이 필요하다는 아프리카 속담이 있다. 이 속담을 참 좋아했는데, 부모님의 말을 듣고 나니 마을이 돕지 않으면 아이를 키울 수 없다는 의미로 다가와 원망스럽게 느껴지기도 했다. "장애와 비장애를 구분 짓지 않아도 될 사회가 와야 하는데, 장애가 있다는 이유로 당연한 권리를 누리지 못하는 건 말이 안 되는데." 하며 분노하기도 했으나, 하루 종일 아이의 울음소리와 공격적인 도전 행동에 지친 내가 느끼는 분노는 단순히 사회 구조에 대한 분노만이 아니었다.

부모 상담 이후, 나는 아이의 울음소리에 지칠 때마다 "○○아, 우리 엄마 아빠랑 외식하자."라고 달래며 지도했다. 그러나 하루 종일 자신과 주변 사람들을 물고, 잡아당기고, 때리고, 뜯으며 자해하는 아이로 인해 양치질이나 식사, 그 무엇도 시도할 수 없었다. 우리가 아이의 일상생활을 위해 가장 먼저 해야 할 일은 자신을 해치는 자해 행동을 멈추게 하고, 어린이집 생활에 적응하고 안정감을 찾도록 돕는 것이었다.

울며 자신의 손을 물고 바닥에 머리를 찧는 등의 행동을 보이는 아동의 손을 수건으로 감싸 최대한 상처와 자극이 없도록 노력하고 있었으나, 아이가 자신과 교사를 해치는 도전 행동을 보일 때마다 CCTV가 지켜보는 교실 속에서 혹시 내가 아동학대 교사로 오해받지는 않을까 하는 걱정이 앞서, 적극적인 개입이 어려웠다.

아이는 특히 구강 탐색이 심했다. 놀잇감은 물론이고 옷, 손가락, 심지어 주변 물건까지 입에 넣는 습관이 있었다. 침을 흘리며 손으로 만진 모든 것을 입으로 가져갔고, 이는 위생적인 문제뿐만 아니라 건강과 안전에도 큰 영향을 미칠 수 있다는 것을 알기에 작업치료 선생님과 협력하여 감각 통합을 위한 구강 치료를 진행했으나, 처음에는 아이가 심한 거부 반응을 보였다. 선생님이 말하길, 치료를 시작할 때 너무 심한 거부에 학대 교사가 된 것만 같은 기분이 들어 개입하기가 너무 힘들 정도였다고 했다.

나는 이 마음을 원장님께 솔직하게 털어놓았고, 원장님께서는 내 이야기를 들으며 깊은 고민에 잠기셨다. 이후 원장님께서는 교사 회의를 통해 접근 방법을 모색하며 부모 연계를 시도하셨다. 이 회의를 통해 부모와의 협력을 강화할 방법을 논의하셨고, 도전 행동 지원 전략 동의서를 받아보자고 제안하셨다. 교사의 입장과 부모의 입장을 모두 이해하고 계셨기에 가능한 결정이었다.

도전 행동 지도 동의서에는 다음과 같은 내용이 포함되었다.

1. 도전 행동 중재 협의 (교사와 부모가 협력하여 중재 방법을 모색하는 것에 대한 동의)

2. 도전 행동 평가 및 자료 수집 (위험도 평가와 개입 전략 수립, 사진 및 영상 자료 수집에 대한 동의)

3. 신체적, 공간적 개입 가능성 (필요 시 신체적 개입, 공간적 제한, 움직임 조절 장비, 행동 중재를 위한 약물 치료 등의 개입이 이루어질 수 있음에 대한 동의)

4. 예상치 못한 행동 발생 시 개입 (불가피한 신체적 개입이 필요할 경우 부모 상담을 통해 IEP를 수정하는 것에 대한 동의)

5. 가정과의 협력 (가정과 협력하여 도전 행동 개선을 위한 파트너십을 형성하는 것에 대한 동의)

부모님과의 상담에서, 나는 걱정이 앞섰다. 하지만 어머님께서는 아이를 위해서라면 당연히 동의한다며 흔쾌히 서명하셨다. 그 용기에 눈물이 왈칵 쏟아질 것 같았다.

이후 나는 다시 한 번 "○○아, 엄마 아빠랑 외식하자."라는 생각을 마음에 새

기며 일상생활 지도에 힘썼다. 등원 이후 겉옷을 벗고 정리하는 것부터 식사, 양치질까지 모든 것을 거부하는 아이에게 하나씩 차근차근 지도했다. 식사마저 거부하여 과자와 음료를 보내셨던 부모님께, 아이의 건강을 위해 식사를 보내 달라고 부탁드렸다. 처음 밥과 반찬을 보내신 날, 아이는 과자를 달라며 쉴 새 없이 울었다. 그럼에도 부모님께 다시 한번 설득했고, 결국 아이는 하루하루 변화하기 시작했다. 처음에는 한 입, 그다음은 두 입, 그렇게 조금씩 식사량이 늘어갔다.

   아이의 변화는 누구 한 사람의 노력으로 이루어지는 것이 아니었다. 교사, 치료사, 부모 이외에 누나, 조부모, 외부 치료센터를 포함한 아이를 둘러싼 모든 사람들이 힘을 합쳐 협력했기에 가능했다.

모든 치료사 선생님께서는 치료를 시작하기 전에, 낯선 환경에서 어려움을 보이는 아이가 치료에 대한 거부감을 가지지 않도록 먼저 치료실 환경에 적응할 수 있게 돕는 데 집중하셨다. 단순한 언어를 반복적으로 사용하며 아이가 이해할 수 있도록 설명하고, 다양한 감각 놀이를 시도하며 자연스럽게 치료 과정에 익숙해질 수 있도록 하였다.

언어치료 선생님께서는 아이가 언어를 인지할 수 있도록 간단한 단어와 문장을 반복하여 말해 주며 소통을 유도하셨고, 작업치료 선생님께서는 아이가 특정 자극을 받았을 때 감정을 조절할 수 있도록 감각 놀이를 병행하며 치료를 진행하셨다.

또한, 외부 치료 선생님께서는 치료 이후 아이가 어머님과 함께 어린이집으로 이동하는 과정에서 큰 거부감을 보인다는 점을 고려하여, 이동 과정까지도 치료의 연장선으로 생각하고 함께 동행해 주셨다. "치료가 끝나면 어린이집으로 갈 거야."라는 말을 반복하며 아이가 이동을 자연스럽게 받아들일 수 있도록 도와주셨다.

부모님께서도 지도하며 마음 아픈 순간이 많으셨을 텐데, 그저 안아주고 싶은 마음이 크셨을 텐데 아이의 성장을 위해 치료사 선생님들과 긴밀히 협력하며 가정에서도 같은 방식으로 지도하기 위해 꾸준히 노력해 주셨다.

아이가 혼란스럽지 않도록 모두가 협력하며 일관된 태도로 지도하고 노력한 덕분에 아이는 점차 교사의 눈을 보고 웃고, 안기거나, 손을 잡고 산책하는 등 긍정적인 변화를 보일 수 있었다.

12월 어느 날, 어머님께서 말씀하셨다. "선생님, 저 ○○이랑 주말에 식당 가서 밥 먹고 왔어요. 감사합니다."

한 아이를 키우기 위해서는 온 마을이 필요한 것처럼 우리가 함께 노력한다면, 우리가 모이면 '우리'가 마을이 된다. 특수교사로서의 삶을 걸어온 지 4년, 이제 나는 주저 없이 대답할 수 있다. "네, 낳을 거예요." 우리의 노력이, 우리의 힘이 모여 마을이 된다.

함께한 시간
함께한 성장

임윤희

자폐 스펙트럼 장애를 가진 연우라는 아이의 도전적인 행동, 특히 자해 행동을 어떻게 지원하고 긍정적인 변화를 이끌어냈는지에 대한 보육교사의 경험을 상세히 설명합니다. 교사는 연우의 자해 행동의 원인 파악에 집중하고, 어머니와의 긴밀한 소통을 통해 정보를 공유하고 지원 방안을 조율했으며, 의사소통 능력 향상을 위한 다양한 전략을 사용했습니다. 또한, 진정 기법을 활용하여 연우의 불안을 완화하고, 다양한 환경 경험을 제공하여 새로운 상황에 대한 적응력을 키우도록 도왔습니다. 이러한 노력들을 통해 연우는 자해 행동 빈도를 줄이고 의사소통 능력을 향상시키며 안정적으로 성장했고, 교사 역시 큰 보람과 자부심을 느꼈다는 내용을 담고 있습니다.

    나는 일반 어린이집에서 근무하던 시절, 한 아이를 만났다. 그 아이는 또래와 다른 독특한 행동을 보였지만, 그 당시 나는 장애에 대한 전문 지식이 부족하여 그저 '특이하다'라고만 생각했었다. 그러던 중 함께 일하던 선생님께서 그 아이를 보시고 '자폐'라고 말씀하셨었다. 그 순간부터 나는 자폐에 대한 궁금증이 생겼고, '어떻게 하면 이 아이에게 도움을 줄 수 있을까?'라는 생각으로 장애 영유아를 위한 보육교사 공부를 시작하게 되었다. 자격증을 취득한 후, 장애아전문어린이집에서 근무를 하게 되었을 때 공부하면서 배웠던 내용들이 실제 아이들에게 어떻게 적용될지 궁금했고, 신기하기도 하였다.
    지적장애, 언어장애, 아스퍼거 증후군, 자폐스펙트럼, 발달지연. 다양한 아이들을 만나 보았지만 그중에서도 연우는 특히 나에게 깊은 인상을 남겼다. 초롱초롱한 예쁜 눈과 귀여운 외모를 가진 연우였다. 연우와 인사를 나누기 전, 어머님께서 나를 따로 부르시더니 "연우가 자해 행동을 할 때 놀라거나 특별한 반응을 보이지 말고, 평상시처럼 대해 주세요."라고 말씀하셨다. 어머님과 이야기를 나눈 후 소파에 앉아 있는 연우에게 다가가자, 연우는 낯선 나를 보더니 자해 행동이 나타났었다. 자해 행동이 계속되었지만, 내가 아무렇지 않게 행동하자 점차 자해 행동의 빈도가 줄어드는 것을 느낄 수 있었다. 연우와 함께 지내면서 자해 행동을 소거시키려면 먼저 자해 행동이 발생하는 상황과 원인을 알아야 소거시킬 수 있는 방법을 찾을 수 있을 것 같았다. 연우는 새로운 환경과 낯선 사람에 대해 매우 민감한 반응을 보였었다. 특히 새로운 장소에 가면 자해 행동이 심해졌고, 의사소통에 어려움이 있어 원하는 바를 표현하지 못할 때에도 자해 행동이 나타났다. 지금은 연우의 자해 행동이 소거되었으며, 다음은 연우를 위해 내가 지원했던 방법들이다.

어머님과의 소통강화

어머님과의 소통이 제일 중요했었다. 연우의 자해 행동이 심한 경우 어머님께 즉시 연락하여 상황을 공유하면, 빠르게 어린이집에 오셔서 연우를 하원시키셨었다. 평균적으로 적응 기간이 7일이었지만, 연우는 한 달이라는 시간이 걸렸었다. 1시간에서 시작하여 2시간, 3시간, 점심까지 먹고, 오후 시간대까지 편안하게 적응할 수 있도록 지원하였다. 또한 어머님과 수시로 연락을 통해 연우의 일상과 행동에 대해 지속적으로 정보를 교환했고, 이러한 소통을 통해 연우의 선호도, 특이한 루틴, 스트레스 요인 등을 파악할 수 있었으며, 이를 바탕으로 어린이집에서의 지원 방안을 조정할 수 있었다. 연우가 스트레스를 받을 때 좋아하는 편안한 음악이나 조용한 공간을 제공하는 방법을 적용했고, 이는 연우의 불안을 덜어주는 데 큰 효과를 보였다. 또한 어머님이 알려주신 연우의 특이한 일상 루틴을 참고하여, 어린이집에서도 일정 부분 유사한 루틴을 따르며 연우가 예측 가능한 환경을 경험할 수 있도록 했다. 이로 인해 연우는 점차 일과에 안정감을 느끼게 되었다. 어머님과의 적극적인 소통은 연우의 일상적인 행동을 더욱 잘 이해하고, 연우가 어린이집에 보다 원활하게 적응할 수 있도록 돕는 중요한 요소였다. 어머님과의 신뢰와 협력은 매우 중요한 역할을 했으며, 연우의 자해 행동 빈도를 줄이고 안정적인 적응을 돕는 데 효과적인 방법이 되었다.

의사소통 능력향상을 위한 전략
연우가 언어 표현에 어려움이 있었기에 포인팅, 제스처, 시각적 자료 등을 활용한 다양한 의사소통 방법을 지원했었다. 연우가 원하는 것을 표현할 때마다 즉각적인 긍정적 피드백과 보상을 제공하였으며, 이러한 행동이 반복될 수 있도록 동기를 부여했었다. 교사가 원하는 것을 표현하는 모습을 자주 보여주고, 연우가 이러한 행동을 모방할 수 있도록 유도하였다. 또한 어린이집에서 진행된 언어 심화 프로그램도 연우의 언어 향상에 중요한 역할이 되었다. 언어 심화 프로그램을 통해 연우는 일상에서 자주 사용하는 단어를 더 많이 배우고, 간단한 문장을 만들 수 있는 활동을 진행하였다. 다양한 상황을 연습하면서 연우는 단어와 문장 구조에 대한 이해도를 높였고, 그 결과 이전보다 더 명확하고 구체적인 언어 표현이 가능해졌다. 단순한 의사소통을 넘어서 말로 자신감을 갖고 표현하는 모습도 보였다. 특히, 연우는 원래 자해 행동을 통해 원하는 것을 표현하던 시기에서 벗어나, 이제는 자해 행동 대신 포인팅이나 말로 의사 표현을 하는 모습을 보이며, 의사소통 능력이 크게 향상된 것을 확인할 수 있었다. 이러한 변화는 연우의 의사소통 능력 향상과 자해 행동 감소에 중요한 역할을 했다.

진정 기법 활용
연우가 자해 행동을 보일 때, 나는 우선 부드럽게 뒤에서 감싸 안아주어 신체적 안정감을 제공하였다. 이러한 신체적 접촉은 연우의 긴장을 완화하고, 심리적 안정을 찾는 데 큰 도움이 되었다. 실제로 이러한 방법을 사용하였을 때, 연우의 호흡이 점차 안정되고 자해 행동이 감소하는 긍정적인 변화를 관찰할 수 있었다. 또 연우와 했던 것 중 하나는 심호흡 기법을 활용하여 연우의 자해 행동을 줄이려 시도하였다. 나는 먼저 깊게 숨을 들이마시고 천천히 내쉬는 모습을 연우에게 보여주었고, 연우는 나의 행동을 모방하여 심호흡을 시작했다. 심호흡을 통해 연우는 긴장을 풀고, 감정을 조절할 수 있는 능력을 키울 수 있었다. 심호흡을 유도하는 동안, 나는 연우의 반응을 주의 깊게 살펴보았고, 연우가 점차 이 기법을 습득하며 자해 행동을 줄여나가는 모습을 볼 수 있었다. 이 기법들은 연우가 자해 행동을 줄이고 예방하는 데 큰 도움이 되었다.

다양한 환경 경험 제공

연우는 낯선 사람이나 처음 가보는 장소에 대해 예민도가 높아, 새로운 곳에 가면 자해 행동이 심해졌다. 이러한 상황을 개선하기 위해, 다양한 환경을 경험하게 하는 것이 매우 중요한 역할을 했다. 연우는 교실 내에서만 생활하는 것보다 다양한 공간에서 활동하는 것이 적응력 향상에 도움이 된다고 판단되어, 매일 다른 반에 들어가 친구들과 인사하고 교류할 수 있는 기회를 마련했다. 처음에는 다른 반으로 들어가려고 하면 자해 행동을 보이며 들어가는 것을 거부하던 연우는 점차 활동에 참여하게 되면서 사회적 상호작용 능력도 향상되는 긍정적인 변화를 보였다. 특히, 새로운 환경에 대한 두려움을 조금씩 극복하면서 자해 행동의 빈도도 줄어드는 경향을 보였다.

연우는 원내 활동뿐만 아니라 다양한 실외 활동을 통해서도 많은 변화를 겪었다. 은행 체험, 우체국 체험, 도서관 이용하기, 구매·지불 등을 통해 일상에서 마주할 수 있는 여러 상황을 직접 경험했다. 이러한 활동들은 연우에게 새로운 자극을 제공하였고, 낯설고 두려운 환경에 대한 반응이 점차 긍정적으로 바뀌는

데 큰 도움이 되었다. 또한 어린이집에서 진행되는 통합교육을 통해 일반 어린이집 친구들과 함께 활동하면서, 낯선 사람이나 새로운 상황에 대한 거부감을 조금씩 줄여나갔다. 처음에는 낯선 사람을 마주할 때 자해 행동이 나타났지만, 시간이 지나면서 연우는 일반 친구들과의 상호작용을 통해 낯선 사람과의 관계에서도 점차 안정감을 찾게 되었다. 이제는 낯선 사람을 보더라도 자해 행동이 나타나지 않고, 편안하게 대처할 수 있는 모습을 보였다. 다양한 환경을 경험하며 연우는 점차 새로운 환경에 적응하는 능력을 키워갔고, 상황에 맞는 적절한 행동을 배우게 되었다. 이러한 경험들을 통해 연우는 자해 행동을 감소시키며 긍정적인 변화를 보였다.

연우와 함께한 시간은 나에게 큰 의미가 있었다. 연우가 처음에는 자신의 감정이나 욕구를 적절하게 표현하지 못하고 자해 행동을 통해서만 의사소통을 시도했기 때문에, 그런 행동을 어떻게 개선할 수 있을까에 대해 고민을 많이 했었는데 시간이 지나면서 연우는 점차 포인팅, 제스처, 그리고 간단한 말로 자신의 의사를 표현하게 된 모습은 매우 대견스럽고 감동적이었다. 자해 행동으로 어려움을 겪던 연우와 부모님에게도 심리적으로 큰 안정을 가져다주었다. 부모님께서 처음에는 연우의 자해 행동에 대해 많은 걱정을 하셨지만, 우리가 함께 해결책을 찾고 실행해 나가면서 점차 믿음이 생기셨고 안도감도 커져갔다.

연우의 변화된 성장으로 인해 나도 많은 것을 배우게 되었고, 내 직업에 대한 자부심도 더욱 커졌다. 내가 지원한 방법들이 실제로 긍정적인 변화를 이끌어냈다는 것을 실감할 수 있었으며, 특히 연우가 자해 행동을 소거하며 점차 더 나은 방향으로 나아가는 모습을 지켜보는 것은, 내가 교육자로서 갖는 책임감을 더욱 강하게 만들었다. 연우의 성장은 인상 깊고 나에게 큰 기쁨을 안겨주었다. 앞으로도 이러한 경험을 바탕으로 더 많은 아이들에게 도움이 될 수 있도록 계속 노력할 것이다.

그림카드를 통해 함께 성장하는 우리

/ 박인희

장애 영유아 보육교사가 말보다 행동이 앞서고 교실 밖 탐색을 선호하는 유아와의 상호작용을 통해 겪은 경험을 이야기하고 있습니다. 교사는 초기에는 유아의 행동에 제한을 두며 어려움을 느꼈지만, 아동의 인권과 놀이를 존중해야 한다는 깨달음을 얻게 됩니다. 이에 따라 교실 문 두드리기, 그림 의사소통 카드 사용, 그리고 교실 밖 활동 횟수 제한 등의 단계별 접근 방식을 시도하며 유아가 긍정적인 의사소통 방법을 배우고 교실 생활에 적응하도록 도왔습니다. 이러한 과정을 통해 유아는 물론 교사 자신도 성장하며, 장애 유아의 행동을 문제행동으로 보기보다 관점을 바꾸어 장점과 가능성을 발견하는 것이 중요함을 강조하고 있습니다.

나는 유아특수재활과를 졸업하고 장애 영유아를 위한 보육교사가 되었다. 현재 장애아전문어린이집에서 3년째 근무 중이며, 김단비, 한소망, 이민음 세 명의 사랑스러운 제자들과 함께하고 있다. 그중 김단비는 내게 특별한 아이였다. 호기심과 탐구심이 많고, 새로운 환경과 놀잇감에 관심이 많았으며, 산만한 성격과 언어 발달 지연으로 인해 말보다 행동이 앞섰다. 3월 첫 등원 날, 단비는 교실을 뛰쳐나가거나 1층과 3층의 다른 반으로 옮겨 다니며 자유롭게 놀이했다.

처음에는 단비의 어린이집 첫 입소와 유아의 특성을 고려하여 자유로운 탐색의 시간을 충분히 주었다. 시간이 지나면서 안정될 것이라 기대했지만, 단비는 점점 교실보다 다른 공간에서의 시간을 더 선호했고, 다른 반의 놀잇감을 가지고 놀다 다툼이 생기기도 했다. 동시에 나에게는 단비 외에도 맡은 두 명의 아이들이 있었기에 점점 단비의 행동에 제한을 두기 시작했다.

단비의 행동은 호기심 많은 6세 유아라면 당연한 반응일 수도 있었다. 그러나 나는 교사로서의 역할에 혼란을 느꼈고, 다른 반에 혼란이 생기는 상황을 보며 나의 역량에 대한 회의감도 들었다. 점차 나는 단비에게 "교실에서 놀자"고 반복하며 외부 활동을 제한하기 시작했고, 단비는 울음을 터뜨리거나 놀잇감을 던지며 감정을 표출했다. 그런 단비를 나는 때때로 모른 척하기도 했다.

그러던 어느 날 퇴근길, 문득 이런 나의 방식이 과연 단비의 인권과 놀이를 존중하는 방식인가 하는 의문이 들었다. 단비는 어린이집 생활을 즐거워하고 있을까? 교사로서 나는 단비가 긍정적인 방식으로 자신의 의사를 표현할 수 있도록 도와야 했다. 아이의 생각과 의견을 표현할 권리를 존중하며, 단비가 울음 대신 다른 방식으로 의사 표현을 할 수 있도록 단계적인 연습을 시작했다.

1단계—똑똑똑 문 두드리기

단비가 다른 장소로 가고 싶을 때, 교실 문을 두드리는 방식으로 표현하도록 유도했다. 처음에는 화장실로 뛰어가거나 울음을 터뜨리기도 했지만, "단비야, 나가고 싶은데 못 가서 속상했구나. 선생님과 같이 나가자. 똑똑! 나가요?"라고 말해주며 반복하다 보니, 단비는 문 앞에 서서 손으로 문을 가리키거나 문을 두드리는 행동으로 표현하기 시작했다. 점차 울음과 떼쓰는 행동은 줄어들었다.

2단계—의사소통 카드 사용하기

우리 어린이집에서는 그림 교환 의사소통 체계(PECS)를 활용한다. '배고파요', '화장실 가요' 등 자주 사용하는 말과 사물, 장소 사진을 교실 벽에 부착하거나 교사가 휴대하고 다닌다. 단비가 문을 두드리면, "단비야, 어디 가고 싶어?"라며 장소 사진을 보여주었다. 단비가 원하는 장소를 가리키고 "응!"이라고 말하면, "놀이실 가고 싶어요"라고 말해주며 카드를 떼어 교사에게 전달하게 했다. 이후에는 한 음절씩 말하며 직접 표현하는 연습도 하였다. 초기에는 발음이 부정확했지만 반복을 통해 점차 정확한 발음으로 표현하기 시작했다. 가정에도 방

교사 휴대용 의사소통 카드와 교실 벽면에 부착된 의사소통 카드

놀이 횟수를 정하는 의사소통 카드

의사소통카드 건네주기

법을 공유하자, 어머님도 함께 노력해 주셔서 단비의 언어 표현이 점차 늘었다.

3단계—횟수 정하기

의사 표현은 늘었지만, 여전히 교실 밖으로 자주 나가고 싶어 해 규칙을 배우기 어려웠고, 교실 소속감도 낮아 보였다. 그래서 단비와 약속을 정해 횟수를 정하고 점차 줄이기로 했다. 1층 공동놀이실 사진에 숫자를 넣어 1번부터 10번까지 카드를 만들고, 점차 카드 개수를 줄이며 교실 활동 시간을 늘렸다. 단비가 좋아하는 놀잇감도 함께 제공하자, 점점 교실에서 보내는 시간이 길어졌고 또래 친구들과 함께 놀이하는 시간도 늘었다. 오후까지 교실에서 머무르며 사회성, 인지, 언어 등 다양한 면에서 성장하는 모습을 보였다.

단비가 성장한 만큼, 나도 성장했다. 아동학대 예방은 아동 권리 존중에서 시작된다. 교사의 시선에서 문제 행동이라 판단하던 행동이, 관점을 바꾸자 아이의 장점과 가능성으로 보이기 시작했다. 특히 장애 유아는 언어로 표현하기 어려워 행동으로 드러나는 경우가 많기에 세심한 관찰이 필요하다. 유아의 인권과 놀이를 존중하고, 행복한 하루를 선물하는 것이 교사의 역할임을 다시금 느꼈다.

아이들은 내 표정과 말투에 민감하게 반응한다. 교사로서 내가 어떤 존재로 비쳐지고 있는지 끊임없이 고민하며, 단비를 통해 배운 것처럼 오늘도 더 좋은 교사가 되기 위해 노력할 것이다.

단비야, 오늘은 무슨 놀이를 해볼까?

나뭇잎 악어

/ 진주연

자폐성 장애를 가진 한 아이와 담당 교사의 성장 이야기를 담고 있습니다. 처음에는 아이의 예측 불가능한 행동에 어려움을 느꼈던 교사가 관심과 이해를 통해 아이의 행동에 담긴 메시지를 발견하게 됩니다. 특히 아이의 나뭇잎에 대한 집착이 과거 어린이집에서의 부정적인 경험 때문이었음을 알게 된 후, 교사는 부모님, 동료 교사들과 함께 아이에게 맞는 긍정적인 환경을 만들어주고 AAC와 같은 지원을 제공합니다. 그 결과 아이는 점차 나뭇잎에 대한 집착을 줄이고 다른 활동에 흥미를 보이며 눈에 띄게 성장하며, 교사 역시 이러한 경험을 통해 전문가로서 함께 성장하게 됩니다. 이 이야기는 교사, 부모, 환경의 협력이 아이의 성장에 얼마나 중요한지를 보여줍니다.

    오늘 인터넷에서 '○○ 지역 어린이집 교사 아동학대 신고'라는 기사를 보았다. 어린이집 교사가 아이를 신체적, 정서적으로 학대했다는 정황이 파악되어 신고가 되었다는 내용이다. 우리가 생각하는 대신 '일반적으로' 학대는 쉽게 신체적 학대만을 생각하지만, 내가 경험한 이야기는 정서적 학대와 함께 아이를 둘러싼 환경이 아이에게 얼마나 많은 영향을 미치는지를 다시금 생각하게 하는 이야기다.

    2024년 대학을 졸업하고 누군가의 스승이 되어 내가 맡은 아이가 올바른 길로 가도록 안내하는 선생님이 된다는 생각에 떨리는 마음으로 사회생활을 시작하게 되었다.

    처음 시작한 직장 생활, 지금의 이곳에서 7살 여자아이를 만났다. 그 아이는 자폐성 장애를 가진 아이였다. 언어치료학을 전공한 나에게 자폐성 장애는 생소한 장애 명은 아니었다. 하지만 실습 기간을 제외한다면 이렇게 직접적으로 자폐성 장애 아이와 함께해 본 경험이 없는 나로서는 원장님과 주임 선생님을 통해 들은 아이의 모습이나 특성들은 내가 생각해 왔던 장애를 가진 아이들과 많은 차이가 있었으며, 이는 교사로서 설렘과 동시에 걱정이 되었던 것이 사실이었다.

처음 만난 이 아이는 주변 사람들에게 관심을 보이지 않고 알 수 없는 소리를 내며 고개를 갸우뚱하게 기울이고 시선은 천장을 향해 있었다. 아이는 바깥놀이 시간, 화장실 이용 시간 시 전환이 어려웠고, 바닥에 누우며 온몸으로 강하게 거부하는 모습을 보였다. 아이의 모든 행동이 나에겐 어려운 퍼즐 조각처럼 느껴졌고, '어떻게 하면 이 퍼즐 조각을 잘 맞출 수 있을까?'라고 고민하며 아이에 대한 생각이 머릿속을 떠나지 않았다.

이러한 고민 속에서 아이와 함께 시간을 보내며 그동안 보이지 않던 아이의 특별한 행동들이 하나 둘 눈에 들어오기 시작했다. 바닥에 누워 화만 내고 손을 뿌리치며 울던 아이가 반응을 보이는 것은 나뭇잎이었다. 아이는 나뭇잎이 있는 나무를 향해 가기 위해 나의 손을 뿌리치고 달려가려고 했고, 위험하다는 이유로 아이의 손을 잡고 제지하자 바닥에 누워 온몸으로 그 쪽으로 가고자 표현하는 것이었다. 이전까지는 단순히 떼를 쓰는 것으로만 생각했던 아이의 행동들에는 표현이 서툰 아이가 전하는 메시지가 있음을 알 수 있었다.

아이의 마음과 행동을 조금씩 이해하기 시작하며 아이의 감정을 알아갈 때쯤, 아이를 달래주기 위해 "○○아, 나뭇잎 따러 가자."라고 말을 하면 벌떡 일어나 나의 손을 잡고 이동하는 모습을 볼 수 있었다. 바깥놀이 시간, 아이는 친구들과 어울려 차례를 지켜 이동하기보다는 바닥과 친구가 되어 나뭇잎 줍기에 집중했다. 나는 이 아이를 보며 '왜 이렇게 나뭇잎에 집착하지?', '나뭇잎을 왜 저렇게까지 주울까?'라는 궁금증이 생겼다. 이러한 궁금증은 얼마 되지 않아 IEP 부모 상담을 통해 알게 되었다. 우리 어린이집을 오기 전 이용했던 어린이집에서의 생활에 대해 듣게 되면서 아이의 행동을 이해할 수 있게 되었다.

아이는 다른 또래 아이들보다 운동신경이 좋았으나, 장애로 인해 교사의 언어

악어를 표현한 아이의 그림

를 이해하고 행동으로 옮기는 것이 어려웠다. 이로 인해 이전 어린이집에서는 야외 활동, 바깥놀이에서 아이를 철저하게 배제시키고, 안전상의 이유를 대며 보육실이라는 한정된 공간에서만 아이를 머물게 했다고 한다. 아이는 집, 어린이집이라는 공간의 틀에 박힌 생활에 차츰 익숙해졌다가, 우리 어린이집으로 오고 나서는 매일 바깥으로 나가고, 숲으로 가는 활동을 받아들이며 혼란을 느끼고 전환에 어려움이 있었던 것이었다.

또한, 아이에게 나뭇잎은 상상의 나래를 펼칠 수 있는 매개체였다. 아이의 엄마 말로는 어린 시절 아이는 나뭇잎을 보며 "뾰족뾰족 악어, 우산"이라고 표현했다고 한다. 이 말을 듣고 아이에 대해 다 알고 이해한다고 생각했던 내가 부끄럽게 느껴졌다. 이후, 아이에 대해 고민하고 아이 엄마에게 들은 이야기를 원장님과 반 선생님들과 함께 공유하는 시간을 가졌다. 이때 원장님의 "다른 사람들 시선에선 나뭇잎을 줍고 뜯는 건 나무를 해치는 것이라고 생각할 수 있지만, ○○에겐 나뭇잎을 뜯고 줍는 건 나름 의미가 있는 일이니 그 행동을 제지하기보다는 인정해 주고 허용해준다면 점차적으로 그 행동이 소거되거나 다른 것으로 전환될 수도 있을 거예요."라는 말을 듣고 나는 반 선생님들과 아이에 대해 지속적으로 논의하며 전환의 어려움과 나뭇잎을 충분히 뜯을 수 있는 방법에 대해 논의하였다.

먼저, 우리는 아이에게 AAC(보완대체의사소통)를 사용하고 미리 바깥놀이 장소에 대해 언급하여 바깥놀이 장소에 대해 예상할 수 있도록 지원하였다. AAC 카드를 제공하였을 시 아이는 처음부터 수용적으로 받아들이지는 않았다. 카드 찢기, 소리 지르기 등의 모습을 보였지만 포기하지 않고 꾸준히 AAC 카드를 보여주고 말해주자 점차적으로 받아들이기 시작하며 바깥놀이를 나가자고 하면 먼저 양말을 신고 준비하기 시작했다.

바깥놀이 시간에는 아이가 충분히 나뭇잎을 뜯을 수 있도록 해주자 나뭇잎을 줍는 빈도가 조금씩 줄어드는 것을 볼 수 있었다. 또한, 아이의 행동에 변화를 조금씩 느낄 때쯤 에코백을 제공하여 에코백에 채울 수 있을 만큼만 나뭇잎을 담아올 수 있도록 하였다. 그리고 교실에서는 나뭇잎을 꺼내지 않고 가방 안에 넣어 집으로 가져갈 수 있도록 반복적으로 안내하였다. 그랬더니 점차적으로 에코백에 담는 나뭇잎의 횟수와 양이 줄어들었고, 보육실에서 그동안 관심을 보이지 않던 색칠하기에 흥미를 보이기 시작하며 전환의 순간을 맞이할 수 있었다.

아이가 어린이집에서 색칠한 그림과 색칠하는 모습을 찍은 사진 또는 동영상을 가정과 연계하였을 때, 조금의 변화를 맞이하게 된 아이의 모습에 부모님은 매우 감동하셨다. 게다가 아이는 도안에 그냥 색칠하는 수준에서 학년 말이 되자 스스로 자신의 생각을 직접 그림으로 표현하는 수준으로 훌쩍 성장한 모습을 보여주었다.

아이는 새로운 활동을 찾는 데 오랜 시간이 걸리고 어려움이 있지만, 한 번 시작한 활동은 누구보다 집중력을 갖고 해낼 수 있는 아주 훌륭한 능력을 가진 아이였던 것이었다. 아이가 원하는 것을 성인의 관점이 아닌 아이의 관점에서 바라보고 인정해주며 적극 지원해준다면 아이는 결국 긍정적인 모습으로 스스로 성장한다는 것을 깨닫게 되었다.

2024년, 1년 동안 아이의 성장을 바라보며 나 또한 장애 영유아 교사라는 전문가로서 성장할 수 있는 소중한 시간이 되었던 것 같다. 또한, 아이의 성장과 변화는 교사 한 명의 노력이 아닌 교사, 부모님, 아이를 둘러싼 주변 환경 모두가 함께해야 함을 다시금 느낄 수 있었다.

이제 초등학교에 입학하게 되는 아이에게 응원의 말을 건네며 이 글을 마치고자 한다.

"○○아, 선생님은 너의 무한한 잠재 가능성을 믿는단다. 앞으로도 네가 늘 건강하고 행복하게 잘 자랄 수 있도록 선생님이 항상 응원하고 기도할게~!!"

사랑을 알려준
내겐 너무 특별한 아이

/ 김명희

장애 통합반에서 13년째 근무하는 교사가 특별히 기억에 남는 아이, 명준이와의 경험을 담고 있습니다. 명준이는 처음 어린이집에 왔을 때 도전적 행동이 심했지만, 교사와 가정의 협력, 개별화된 지도, 그리고 다른 선생님들의 격려를 통해 점차 긍정적으로 변화했습니다. 글은 이러한 아동의 변화 과정과 교사의 역할, 그리고 아이를 통해 얻은 깨달음을 중심으로 전개됩니다. 교사는 명준이가 관심과 사랑을 통해 성장했음을 강조합니다.

    장애 영유아 보육교사로 한 직장에서 근무한 지 벌써 13년이 되었다. 2024년 3~5세 통합 누리반 선임을 맡으며 유난히 기억에 남는 멋진 아이가 있었다.
    언제나 그렇듯이 새 학기에는 교사도 아이도 정신없이 분주하였다. 교실에서 부모님과 떨어지지 않으려고 우는 아이, 뛰는 아이, 친구들이랑 어울리지 못하는 아이 등 1년 중에서도 특히 새 학기가 시작된 3월은 교사와 아이들 모두 새로운 환경과 낯선 상황에 적응하기 위해 서로가 애를 쓰는 시간이었다. 매년 맞이하는 3월, 경력이 높아지고 해가 지날수록 익숙해질 것도 같은데 여전히 2024년 3월 새 학기도 수월하지 않았다. 나름대로 베테랑이라 자부하던 나에게 그야말로 크나큰 산이 다가온 느낌이었다.
    명준이는 경주의 외곽 지역에 살아서 만 5세까지 특수교육을 받지 않고 일반 어린이집에 다니다가, 초등학교 입학을 앞두고 부모님의 큰 결단으로 1년을 유예하고 경주 시내에 있는 장애아전문어린이집까지 40분 거리를 직접 등하원 해주시면서 가장 큰 형님 반인 사랑반(총 14명으로 구성된 누리 3~5세 장애·비장애 통합반)에 입소하게 되었다. 큰 키의 잘생긴 얼굴로 매력이 철철 넘치는 남자아이였다. 그러나 너무나 멋진 명준이는 외모와는 사뭇 다르게 갑자기 교실 높은 곳에 올라가 발을 구르고 벽을 치며 큰 소리를 내어 모든 교사가 깜짝 놀랐다.

명준이는 놀란 교사의 모습을 보고 흡족한 얼굴을 하더니 이내 교실 내 미끄럼틀에서 갑자기 뛰어내리기도 했다. 가장 나이 많고, 가장 힘세고, 가장 빠르며, 가장 큰 소리를 내며, 가장 위험한 행동을 많이 하는 도전 행동 총집합 그 자체인 아동이었다. 명준이는 언어로 표현을 하지 않고 소리를 지르거나 교사의 눈치를 보며 물건을 빼앗고, 구석에 숨고, 교실의 높은 곳에 올라갔다가 뛰어내리고 창문에 매달리는 등의 행동을 하루 중에도 수없이 자주 보여 처음 명준이의 담임을 맡고 한동안은 너무 힘들어 어찌할 바를 몰랐다.

"교실에서는 하지 마세요." "위험해요, 명준이."가 남발이 되었고 그럴 때일수록 명준이는 교사보다 더 큰 소리를 지르고 발을 쿵쿵 차며 더 크게 도전적 행동을 보여 교사의 힘이 나날이 빠지는 1주일이 지났다. 너무나 벅차고 어쩔 줄 모르는 상황에서도 내 마음 깊은 곳에서 '그래도 명준이가 나에게 온 이유가 있을 거야! 명준이가 이곳에 온 이유가 있을 거야!'라는 생각이 들어 다른 여러 가지 방법들을 찾아보기로 했다.

어머니는 베트남 분으로 결혼 후 한국에서 생활하신 지 9년이 되었지만, 한국어 구사 능력이 매우 낮은 분이셨다. 어머니는 타국 생활에 적응이 힘들어 가정 살림과 아이들의 양육에 아직도 어려움을 겪고 있었고, 아버지는 직장 생활과 퇴근 후 아이들 하원, 집안일 등을 모두 감당해야 하는 상황이었지만 다행히 아버지와 어머니의 명준이에 대한 애정은 누구보다 넘치게 많으셨다. 가정에서는 오랜 기간 동안 계속되어 온 아이의 이런 행동을 어떻게 중재해야 할지 몰라 포기를 하신 상태였지만, 아이를 체벌하거나 방임하지는 않으셨다.

우선 소통이 원활한 아버지와 명준이의 상태에 대해 의논드리며 적절한 진단을 통한 약물 복용을 부탁드렸다. 아버님도 훈육으로는 호전이 되지 않는 상태임을 알고 있었지만, 어떻게 해야 할지 모르시고 막연하게 명준이가 나이가 들

면 좋아질 거라 생각하셨다. 병원 진료와 약물의 필요에 대해 안내하고 교실에서 지도하는 방법들도 함께 공유해드렸다.

교실에서는 명준이가 타인의 관심이나 자신의 잘못된 목적을 달성하기 위해 도전 행동을 할 때는 관심을 주지 않기로 하고, 명준이가 바람직한 행동을 할 때는 즉각적으로 알아채어 칭찬과 관심, 참여를 충분히 제공하기로 했다.

명준이는 일반 어린이집에 다니는 동안 갖게 된 태도로서 도전 행동을 했을 때 교사가 보이는 관심이 자신에게 보이는 애정의 표현이라고 생각하고, 더 지나치게 도전 행동을 함으로써 타인으로부터 관심을 받는 방법을 인지하고 있었다. 교사가 관심을 보이지 않을수록 명준이는 더 큰, 위험한 도전 행동을 일으키며 교사의 간담을 서늘하게 했다.

특히 명준이는 먹는 것에 대한 잘못된 식습관으로 인해 과자, 빵, 음료, 라면 등 자극적이고 건강하지 않은 식습관으로 8살이 되었지만, 교실에서 함께 간식을 먹는 것조차 전혀 연습이 되어 있지 않았다.

매일 소리를 지르고 물건을 던지며 자신이 하고 싶은 것, 자신에게 필요한 것들을 어떻게 표현해야 할지 모르는 명준이를 보며 교사로서 어떻게 해야 하는지

막막하기만 한 시간이 자꾸만 흘러갔다.

　약물의 도움을 받은 초기에는 잠시 차분히 앉아 있기가 가능하였지만, 음식을 섭취하지 않는 부작용이 있었다. 그리고 종일 먹지도 않는 명준이가 어디서 힘이 생겨나 이렇게 소리를 지르고 높은 데서 뛰어내리고 잠시도 앉아 있지 못하는 것인지 어느 순간에는 안쓰럽기도 하였다.

　나날이 말라가는 명준이를 위해 약물을 중단하기로 하였고, 그즈음 어린이집에서 명준이에 대한 안타까운 상황을 해결하기 위해 전체 교육 회의를 통해 여러 가지 지원 방안을 모색하여 적용하게 되었다. 그 시작으로 추가적인 개별 특수체육 수업을 시작하게 되었다. 점심 식사 후에 매일 1시간씩 특수체육 선생님과 다양한 규칙이 있는 운동을 시작하며 에너지를 발산하고, 즐겁고 활기찬 운동 수업을 통해 자신감, 성공의 기쁨 등을 느끼며 명준이는 교실에서의 도전적 행동들이 줄어들기 시작했다.

　어느 날부터는 명준이가 문 앞을 보고 선생님이 오시길 기다리기도 하였다. 작은 변화였다. 교실에서는 명준이에게 7세 이상 아동들이 할 수 있는 특별한 과제를 제시해 주었다. 목공 만들기 활동, 수공예, 바느질 등 차분히 명준이만 할 수 있는 세밀한 작업 활동을 제시해 주자, 명준이가 점점 차분히 자리에 앉아 있는 시간과 조용히 자신이 좋아하는 활동에 집중하는 시간이 늘어나고, 안과 밖의 활동을 구분하기 시작하였다.

　드디어 자신에게 집중하기 시작하는 모습을 볼 수 있었다. 감사할 따름이었다. 그리고 어린이집 선생님들이 함께 명준이에게 관심을 가지고 작은 변화에 대해서도 공유하면서, 오가며 만나는 모든 선생님의 칭찬과 격려를 통해 명준이는 점차 변화되기 시작했다.

　가장 먼저 눈빛이 살아나는 듯 보였다. 반짝반짝한 눈빛으로 손끝에 집중하여 자신만의 작품을 만들고 난 뒤 뿌듯해하는 눈빛. 어려운 특수체육 시간에 자신의 몸을 조화롭게 쓰기 위해 집중을 하기 시작하였다. 이 아이가 너무나 기특했다.

발도르프교육에서의 리듬생활에 익숙해져 밖에서 마음껏 뛰어놀며 벌레와도 친숙하게 상호작용할 때쯤 명준이는 교실에서 제공되는 밥을 먹기 시작하였다. 가정에서도 명준이의 변화를 느끼고 불건강한 간식을 치우시기 시작하여 명준이가 가정에서도 음식을 먹고 어린이집에서도 다양한 음식에 대한 흥미를 보이기 시작하였다. 두 번째 변화였다.

명준이가 기특한 변화를 보이기 시작하고 예전의 모습이 점점 사라지면서 어린이집 선생님들이 명준이에게 더 많은 관심을 보이며 함께 칭찬해주었다. 어린이집 곳곳에서 많은 선생님의 다양하고 긍정적인 격려와 칭찬을 차곡차곡 쌓은 명준이는 차분하게 자신의 과제를 이루어내고 드디어 진학을 위한 준비로 글자 쓰기를 시작할 수 있었다. 점차 아이에 대한 기대가 커지고 명준이도 이런 마음을 알게 되었는지, 함께 연필을 잡고 선을 긋고 글자를 쓰고 이름을 쓰기 시작하면서 교사로서 너무나 뿌듯하게 졸업시킬 수 있었다. 이것 또한 학기 초에는 생각조차 할 수 없었던 변화였다.

사람들에게 관심을 받고 싶었던 어린 명준이는 잘못된 방법을 통해 받는 사람들의 제지와 실망감조차 자신에 대한 애정으로 생각했던 것은 아닐까?

아홉 살로 초등학교에 입학하게 된 명준이는 비록 남들보다 느리게 성장하지만, 사람을 좋아하고, 배려하는 방법을 배웠고, 자신이 좋아하는 활동을 제법 오랫동안 집중하며 재미있게 할 수 있는 사랑스러운 아이가 되었다.

나는 명준이와 함께 1년을 보내면서, 한 아이를 위해 여러 교사가 함께 고민하고 애쓰는 과정을 통해 그 모두의 사랑을 나누어 준다면 그 사랑이 아이의 작은 영혼에 고스란히 전해진다는 것을 알게 되었다.

나에게 어린이집 선생님 모두의 사랑을 느낄 수 있게 해준 명준이가 오늘도 많이 생각이 난다.

2025년
한 단계 더 성장할 너와 나
우리를 응원하며

/ 김은정

장애아전문어린이집의 유아 특수교사가 발달 지연 아동인 성훈이를 지도한 2년간의 경험과 성과에 대한 내용을 담고 있습니다. 처음에는 성훈이의 발화 가능성에 대한 걱정과 자신의 책임감을 느꼈지만, 부정적인 행동을 표현의 한 방법으로 이해하고 긍정적 행동 지원에 중점을 두기로 결심했습니다. 주의 집중력 향상과 모방 개념 인식을 위한 단계별 지도를 통해 성훈이는 점차 의미있는 발화와 긍정적인 소통을 시도하게 되었으며, 2년 후에는 다양한 표현을 구사하며 크게 성장했음을 보여줍니다. 교사는 성훈이와의 귀한 시간을 통해 자신 또한 성장했음을 밝히며, 앞으로의 지도에 대한 결의를 다집니다.

"선생님, 우리 성훈이가 말을 할 수 있을까요?"

2023년 상반기 부모 면담 시간에 어렵사리 말을 꺼낸 어머님의 떨리는 목소리에…

"당연하죠. 걱정하지 마십시오."

당당한 척 웃으며 큰소리치면서도, 올해 나와 함께하는 1년 동안 "엄마" 표현까지 과연 지도할 수 있을까… 라는 무거운 마음이 '유아특수교사', '담임교사'인 나의 책임감으로 느껴지기보다 해결해야 할 과제처럼 생각되었다.

그 당시 내가 생각하는 성훈이는 말을 분명히 할 수 있을 것이라 확신하는 아동이었지만, 과연 1년 안에 부모님이 기대하시는 "엄마"라는 단어 표현까지는 어렵지 않을까… 그렇게 되었을 때 부모님께서 나를 부족한 교사라고 생각하지는 않을까… 걱정스러운 마음이 먼저 앞섰다.

그러나 여기는 사설 언어치료실이 아니라 장애아전문어린이집이니까.

나는 말만 가르치는 사람이 아니라 아동의 가장 우선적인 목표 행동부터 설정하여 사회 속에서 더불어 살아갈 수 있는 사회 구성원으로 자랄 수 있도록 현재 시점에서 가장 우선적으로 필요한 발달 과업을 실천할 수 있도록 지도해야 하는 교사라는 점에 중점을 두고 지도하다 보면, 현재 담임교사인 내가 부모님이 희망하시는 "엄마" 표현까지 지도할 수 없을지라도 다음 해, 그다음 해 성훈이를 담당하는 교사가 충분히 목적을 이룰 수 있으리라는 확신 하에 가장 우선적인 목표 행동부터 차근차근 설정하고 가정과의 충분한 연계 지도를 통해 지도하리라 다짐하였다.

성훈이는 놀이 및 하루일과 속에서 꼬집기, 소리 지르기, 울기, 화내기 등의 모습이 자주 나타나는 편이었다. 특히 실외활동, 사회적응 훈련, 현장학습 등 외부에서의 활동을 실시할 때 주저앉고 꼬집고 화내는 모습이 잦았다.

젊은 시절의 나였다면 이렇게 부정적으로 나타나는 행동에 대해 우선 '문제 행동'이라 인식하고 '문제 행동'을 소거하는 것을 목적으로 두고 다양한 접근 방법을 고민했을 것이다. 그러나 늘사랑어린이집에서 오랜 시간 근무하면서 아동에게서 보이는 부정적 행동이 진짜 문제 행동인지, 아니면 다른 원인에서 나타나는 표현의 한 방법인지에 대해 깊이 있게 고민하는 습관이 생겼고, 우선 성훈이와의 라포 형성을 우선하며 다양한 관점에서 관찰하는 시간을 가졌다.

스스로 놀잇감을 선택하여 놀이할 수 있었던 성훈이는 표현 언어 발달이 다른 영역에 비해 현저히 낮은 편이었다. 그러하기에 자신이 생각하는 것을 상대방에게 요구하고 전달하며 의사 표현을 하고 싶으나, 언어 사용 및 동작을 통한 의사 표현이 어려워 울기, 화내기 등의 고집 행동으로 자신의 마음을 표현하고 있다는 것을 알게 되었다.

성훈이가 생각하는 것을 우리가 알아주지 못해 얼마나 답답할까… 얼마나 속상할까….

그 답답하고 속상한 마음을 화내기, 꼬집기, 울기 등 부정적 행동으로 표현하게 된 상황 자체가 너무 안타까웠다.

자신의 마음을 적극적으로 표현하고자 하는 마음이 있음을 알기에, 부정적인 행동 양상을 소거하고 상호 간 긍정적인 소통 형태로 변화를 유도하는 것이 가장 필요하므로, 긍정적 행동 지원을 위해 표현 언어 및 의사소통 기능 지도를 단계별로 계획하고 실행하기로 하였다.

검사 도구를 통한 아동의 현행 수준 파악 및 팀 협력을 통한 다양한 관점에서의 관찰을 통해 성훈이는 시각적 자극에는 민감하나 청각적 자극에는 둔감함을 인식할 수 있었고, 선호하는 놀잇감이나 사물에는 선택적 주의 집중도가 높은 편이나 사람과의 상호작용에 반응도가 낮은 편으로 보였다.

그로 인해 모방에 대한 개념 인식도 어려워 동작 모방 및 표현 언어의 발달에 어려움이 많음을 알 수 있었다. 특히 표현 언어 부분에 있어서는 가성 형태의 음성적 발화인 "아/오"를 제외하고는 표현 언어 형태가 거의 전무하였다.

가장 먼저 지도를 한 것은 상대방에 대해 인식하고 바라보는 것이었다. 성훈이의 관심을 끌기 위해 강화물을 사용하는 것은 잠깐 동안의 주의 집중 유도는 가능하였지만 지속성이 없었다. 그래서 성훈이가 선호하는 놀잇감을 활용하여 관심을 유도하는 방법을 선택하였다.

"개구쟁이 뽀로로~ 장난꾸러기 크롱~ 우람한 포비~ 조그만 해리도 사이좋은 친구죠~♪"

"노는 게 제일 좋아~ 친구들 모여라~ 언제나 즐거워 개구쟁이 뽀로로~♪"

성훈이가 좋아하는 캐릭터인 '뽀로로' 노래를 두 곡만 선정하여 불러주기 시작하였다. 처음 노래를 들려주었을 때 갑자기 모든 행동을 멈춘 성훈이. 자발적으로 선생님을 바라보기 시작하였다. 노래를 마친 뒤 "또 불러줄까?"라고 얘기했을 때 성훈이의 시선은 평소와 달랐다.

강화물을 통해 선택적 주의 집중을 반복적으로 시도해도 금방 선호하는 놀이로 전환되던 성훈이가 반짝반짝 빛나는 눈으로 나를 바라보는 모습을 보였다. 즉시 한 번 더 불러주었다. 조금씩 미소 짓던 성훈이, 갑자기 웃으며 폴짝폴짝 뛰기 시작하였다. 노래가 끝나자 또다시 교사를 바라보았고, 이에 다시 노래를 불러주었다. 노래 부를 때 웃으며 폴짝폴짝 뛰다가, 노래가 끝나면 자발적으로 교사에게 다가와 바라보기를 반복하였다.

한 곡당 20회 정도, 총 40번 정도를 불러주었는데도 너무나도 행복해하던 성훈이. 그렇게 성훈이가 자발적으로 교사에게 다가와 바라보는 횟수도 40번이나 쌓이게 되었다.

성훈이의 관심도를 찾아내 자발적인 시선 맞추기를 성공하였으니, 그다음 단계가 필요하였다. 매일 성훈이가 스스로 다가와 바라보며 교사가 노래를 불러주기를 희망하는 모습을 보였다. 그렇다면 이것을 계기로 의미 있는 동작과 의미 있는 발화 형태를 유도하는 것은 어떨까라는 생각이 들어 노래의 중간 변환 지점에 '두드리기' 동작을 추가하고 마지막 부분에서 의도적인 음성 표현이 나타나면 노래를 불러주는 형태로 제시하였다.

성훈이가 스스로 동작 모방과 함께 의미 있는 모음 수준의 발화를 시도할 수 있도록 유도하였다. 한 달, 두 달 계속 지도를 하면서도 과연 성훈이에게 적합한 방향성을 제시하고 있는지 고민이 되었지만, 눈을 맞추고 요청하고 "아", "어", "이" 등 의미 있는 모음 수준의 발화가 조금씩 증가됨을 보여 성훈이와 나, 둘 다를 믿고 일관성 있는 지도를 하게 되었다.

두 번째로 중요하다고 생각되는 것은 모방에 대한 개념 인식이었다. 그러나 단독 놀이를 선호하는 성훈이 입장에서 보면 교사의 음성 혹은 행동에 대해 굳이 관심을 가질 이유가 없었다. 그렇다면 반대로 생각해서 성훈이의 행동이나 음성을 모방해보는 것은 어떨까… 고민하게 되었다. 반복 지도를 통해 '주세요' 제스처는 인식하였으나 그 외 모방에 대한 지도는 더디기만 하였다. 그렇기에 성훈이가 함께 놀이를 하는 상황에서 성훈이의 음성을 지속적으로 모방하게 되었다. 단순한 소리 모방을 떠나 음성의 강도, 속도도 비슷한 형태로 모방하며 흉내내기 놀이를 시도하였다.

어느 순간 교사가 자신의 음성을 모방함을 인식한 성훈이가 스스로 교사를 바라보며 "아", "아오", "이야" 등을 고민하여 표현을 제시하는 모습을 볼 수 있었고, 음성 모방 놀이로 전환이 되기 시작하면서 <u>스스로 '"아" 표현하며 팔 흔들기', '"이야" 표현하며 뛰기'</u> 등 음성 및 동작 모방 놀이를 시도하며 즐거워하는 모습을 볼 수 있었다.

음성 및 동작 모방 놀이를 즐거워하는 시점에서 놀이의 주체를 성훈이에서 교사로 전환하여 교사의 음성과 동작을 모방하는 형태로 바꾸어 지도하기 시작하자, 처음에는 멈칫멈칫하며 당황하는 듯하더니 교사의 동작 및 모음 수준에서의 발화를 모방하기 시작하는 모습을 보였다.

"됐다!!", "이제 진짜 시작이다!!"

구어 모방으로의 전환이 시작되는 시점, 이때가 거의 1년이라는 시간이 소요되었을 때였다.

모방에 대한 개념이 생기면서 본격적인 구어 모방에 대한 지도가 이루어지기 시작하였다. 단어로의 즉각적인 전환은 어렵지만 '아/에/이/오/우' 모음에 대한 모방 지도가 우선적으로 이루어졌고, 단어로의 전환을 위해 모음을 활용하여 일상생활 속 반복 경험할 수 있는 "이것 주세요"를 "이어 우에오"로 발화하여 1음절 수준의 표현을 2어문 형태로 전환하도록 지속적인 지도를 실시하였다.

1단계―주의 집중력 및 모방 개념 인식하기

1. 주의 집중력 유지하기

- 선택적 주의 집중력 향상을 위한 인지 치료 병행

2. 선호물을 활용한 놀이 제시를 통해 모방 개념 인식하기
- 뽀로로 캐릭터를 활용한 관심 유도 및 '두드리기' 형태의 단순한 동작 모방 제시
- 뽀로로 노래를 응용하여 유의미한 모음 수준의 자발어 유도("아", "어", "이")

3. '시선 맞추기 → 상대방 바라보기 → 동작 인식하기'
- 아동의 음성을 모방하는 음성 놀이 형태 제시를 통해 교사가 모방하는 상황 인식 유도
- 음성 놀이 형태로 전환하면서 음성 및 동작 모방 놀이 개념 인식
- 음성 및 동작 모방 놀이의 주체를 아동에서 교사로 전환하여 모방 지도
- 동작 모방의 세분화를 위해 강화물을 활용한 모방 지도 실시

2단계—선호물을 활용한 일상생활 속 동작 및 언어 표현 반복 지도

1. 반복 학습을 통한 동작 표현의 구체화
- "주세요"의 의미를 인식하고 있는 단계이므로 자발적인 '주세요' 동작을 수행하도록 환경 조성

2. 흥미도 및 필요성 인식을 통한 모방 발화 지도
- 선호물 '타요 버스' 제시 시 '버' 발화의 반복 제시를 통해 양순음 '버/바' 모방 발화하기
- '타요 책'을 활용하여 '아빠' 단어를 1음절씩 모방 발화할 수 있도록 '아', '빠' 반복 제시 통해 모음 및 양순음 발화 지도

3. 일상생활 속 반복 사용 가능한 "이것 주세요" 활용한 의사 표현 지도
- "주세요"를 "우/에/오" 모방 발화 형태로 제시한 뒤 "우에요"로 연결하여 발화하도록 지도
- 포인팅을 활용하여 "이것 주세요"를 "이어 우에오"로 2어문 발화로 전환하도록 강화물 활용 지도

4. 조음 명료도 증진을 위한 언어치료사와의 협력 지도 실시
- 모음 중 '우' 발음 수행이 어려워 언어치료사와의 협력 지도를 실시
- 언어 치료실에서 다양한 휘슬 등을 활용한 입술 근육 조절 지도 실시
- 양순음 수준에서의 모방 발화 지도 실시

3단계—단어 수준에서의 자발어 표현 유도

1. 선호 사물 활용한 명칭 표현 유도
- 동물 모형, 과일 모형 등을 활용하여 자발적 표현 유도 및 조음 명료도 높이기
- "코이이(코끼리)", "늑대", "아아(사자)", "포삐(토끼)", "오엔지(오렌지)", "바아(바나나)" 등 자발어 증가

2. 일상생활 속 사물 명칭 반복 제시를 통한 구어 모방 유도
- "도샤(도시락)", "아바(가방)", "빠빠", "빠(밥)", "바이(바지)" 등

2025년 3월 마지막 주… 어머님과의 면담.

2년 전 '성훈이가 "엄마"라고 부를 수 있는 기적이 찾아오겠죠?'라고 늘사랑어린이집 소식지에 적힌 어머님의 편지글을 함께 보며, "어머니, 우리 성훈이 진짜 많이 자랐어요. 너무 기특하죠?"라고 말하며 함께 웃을 수 있음에, 나 자신과 함께해 준 성훈이와 가족에게도 너무나도 감사함을 느낄 수 있었다.

지금의 성훈이는 선생님과 눈을 맞추며 선생님의 말 한마디 한마디를 모방하려 하고, 스스로 "쉬", "이어 우에요", "늑대 우~" 등 자신의 표현을 다양하게 시도하려 노력하고 있다. 그동안 표현하고 싶은 것이 정말 많았을 텐데… 참 많이 답답하고 힘들었을 텐데… 열심히 노력하고 연습해서 자신의 마음을 상대방에게 표현하며 즐거움을 느끼는 우리 귀요미 성훈이.

그런 성훈이와 2년간 함께하며 나 역시도 참 많이 성장한 계기가 된 것 같다. 나를 만나지 않고 더 멋지고 훌륭한 선생님을 만났더라면 지금보다 더 성장했을지도 모를 성훈이. 그럼에도 불구하고 성훈이의 삶 속에 내가 교사라는 이름으로 함께하며, 성훈이의 긍정적 행동 지원을 위해 조금이나마 도움이 되었다는 확신은 할 수 있기에, 2년 동안 성훈이와 함께했던 시간들이 매우 값지고 귀한 시간이었다고 믿어 의심치 않는다.

이제 7살이 된 성훈이와 새로운 한 해를 함께 시작하려 한다. 한 단계 더 성장할수록 지도하는 방법에 대해 더 많은 고민을 해야 하기에 힘들기도 하지만, 1년 뒤 성장해 있을 너와 나… 우리를 위해 응원하며 힘차게 발걸음을 내딛으려 한다.

기다림의 미학

/ 김소윤

장애아전문어린이집에서 8년간 근무한 보육교사의 경험을 이야기합니다. 특히 식사를 거부하고 편식이 심했던 '민아'라는 아이가 어떻게 음식을 먹게 되었는지에 대한 과정을 상세히 설명합니다. 푸드 테라피를 활용하고 기다림과 인내를 통해, 민아가 음식을 탐색하고 다양한 음식을 시도하며 도구를 사용하여 먹는 방법을 익히는 긍정적인 변화를 보여줍니다. 민아의 사례를 통해 아동의 변화를 기다려주는 것의 중요성을 강조하며, 음식을 즐겁게 받아들이도록 돕는 것이 필요하다고 말합니다.

나는 장애아전문어린이집에서 8년째 보육교사로 일하고 있다. 오늘은 내가 담당하고 있는 민아에 대한 이야기를 나누고자 한다.

민아를 처음 만났을 때, 아이는 매우 마르고 식사 시간에 즐거움을 느끼지 않으며 매사에 짜증을 자주 내는 모습이었다. 민아가 나의 담당 아동으로 배정되기 전에는 젖병으로 우유를 먹거나 조리퐁 과자를 통해 배고픔을 달래 왔다는 이야기를 들었다. 음식을 권해도 고개를 숙이거나 손으로 밀쳐내는 일이 잦았고, 점심시간에는 식판을 보자마자 자리를 떠나기 일쑤였다.

그럼에도 나는 끊임없이 "민아가 음식을 어떻게 하면 잘 먹을 수 있을까?"를 고민했다. 이전에 배웠던 푸드 테라피(food therapy)를 떠올렸다. 이는 음식을 단순히 먹는 것에 그치지 않고, 만지고 섞고 으깨며 놀이와 창작의 도구로 활용해 치료 효과를 얻는 방식이다. 여러 가지 시도를 통해 민아는 점차 간식 시간과 점심시간에 다른 친구들보다 오래 앉아 있거나 더 다양한 음식을 먹는 변화를

보이기 시작했다.

1단계─먹는 음식 관찰하기

민아는 주로 우유와 자극적인 맛의 과자(예: 썬칩, 구운 양파)를 즐겼다. 가정에서도 계란국, 샤인머스켓, 젤리, 치킨 등을 자주 먹는다고 했고, 식사 시간에는 매운 국물 요리를 선호했다. 손으로 국물 속 건더기를 집어먹는 습관도 자주 관찰되었다.

2단계─음식 탐색하기

비록 먹지 않더라도 민아는 음식을 손으로 만지며 놀이하듯 탐색하는 경우가 많았다. 음식이 흘러내리는 모습을 시각적으로 따라가는 경향도 있었기에, 이러한 특성을 활용해 손으로 질감을 느끼고 냄새를 맡으며 천천히 받아들일 수 있도록 유도했다. 음식에 대한 거부감이 점차 줄고, 미술 시간의 촉감 활동에도 자연스럽게 참여하게 되었다.

3단계—입맛에 맞는 음식 만들기

국물을 좋아하는 민아를 위해 김치를 잘게 썰어 넣은 맑은 국물을 제공했다. 민아는 국물 맛을 확인하고 입맛에 맞으면 먹기 시작했다. 배가 고파도 원하는 음식을 찾지 못하면 물로 대신하거나 짜증을 내기도 했지만, 반복된 시도 끝에 식사 시간에 앉아 있는 시간이 길어지고 섭취량도 늘어났다.

4단계—다양한 음식군 먹어보기

처음엔 국물의 건더기만 먹던 민아가 고기나 채소도 시도하게 되었다. 손으로 먼저 탐색한 후 입에 넣는 방식이었고, 반찬도 점차 골고루 먹게 되었다. 간식 시간에도 점점 다양한 음식을 손으로 탐색하며 먹을 수 있게 되었고, 요리 활동에도 참여하며 음식을 직접 골라 먹는 모습도 보였다.

5단계—도구 사용해서 먹어보기

처음에는 손으로만 먹으려 했지만, 언어적 격려와 반복을 통해 숟가락과 포크 사용이 익숙해졌다. 국 건더기를 손으로 먹는 모습은 남아 있었지만, 점차 도구 사용이 늘어났고, 간식 시간에는 포크로 음식을 찍어 먹을 수 있었다.

현재 민아는 숟가락을 사용해 국부터 먹고 다양한 반찬을 먹는 모습을 보인다. 때로는 다른 친구들보다 더 많이 먹으며 체중도 늘어났다. 가정에서도 고기 위주의 반찬에서 채소까지 시도하며, 부모님은 민아가 새로운 음식을 거부하지 않게 되어 기뻐했다.

 민아가 음식을 먹는 즐거움을 알게 되어 나 역시 큰 보람을 느낀다. 아직 밥은 다소 거부하지만, 앞으로 밥도 잘 먹을 수 있도록 도와줄 계획이다. 음식을 씹으며 뇌를 자극하고 인지 능력도 향상되었으며, 짜증도 줄었다고 생각한다. 앞으로도 다양한 음식을 접하며 건강하고 행복하게 자라기를 바란다.

 아이들의 편식은 자연스러운 일이다. 억지로 먹이기보다는 아이 스스로 음식을 받아들일 수 있는 시간을 충분히 주는 것이 중요하다. 아이가 음식을 스트레스 없이 즐길 수 있도록, 어른들이 기다려주는 인내도 필요하다. 빠른 속도에 익숙한 현대 사회에서 '기다림'은 점점 사라지고 있지만, 아이들의 변화는 결국 기다림에서 비롯된다고 생각한다. 변화가 더디다고 조급해하지 말고, 충분한 시간을 준다면 아이는 분명 자신의 속도로 성장해 나갈 것이다.

아이의 작은 변화,
교실에서 다시 피어나다
― 외국인 장애아동의 치료적 통합 사례

/ 최성령

다문화 및 외국인 가정의 장애 아동들이 겪는 언어적 장벽, 문화적 차이, 장애로 인한 어려움에 주목합니다. 특히 어린이집 환경에서 불안, 도전적 행동을 보이던 한 외국인 장애 아동을 대상으로 긍정적 행동 지원(PBS)과 개별 치료를 적용한 사례를 상세히 설명합니다. 노래, 조용한 공간 제공, 호명 훈련 등을 활용하여 아동의 감정 조절 능력과 사회적 상호작용을 개선하는 과정이 제시됩니다. 결론적으로, 이러한 아동의 긍정적인 변화는 단순히 치료적 접근뿐만 아니라 가정과의 협력과 교사에 대한 신뢰가 중요함을 강조합니다.

최근 몇 년간 다문화가정과 외국인 이주민의 수가 급격히 증가하면서, 우리 사회는 점점 더 다양한 문화적 배경을 가진 사람들이 공존하는 사회로 변화하고 있다. 특히 어린이집과 유치원에서는 다양한 문화적 배경을 가진 아동들이 함께 생활하고 배우는 장면이 흔하게 이루어지고 있다. 이러한 변화는 아동들에게 다양한 기회를 제공하는 동시에, 그에 따른 다양한 지원의 필요성도 커지고 있다.

특히 외국인 아동과 다문화가정의 아동 중 일부는 언어적 장벽과 문화적 차이로 인해 사회적, 정서적 어려움을 겪는 경우가 많다. 또한 이들 중 일부는 장애를 가진 아동이기도 하여, 언어적 장벽뿐만 아니라 장애로 인한 추가적인 어려움을 경험하고 있다. 이러한 아동들에게 적절한 치료적 지원은 단순히 신체적 건강을 넘어, 정서적 안정과 사회적 상호작용 능력 향상, 학습 능력 증진 등 전반적인 발달을 촉진하는 데 필수적이다.

따라서 다문화가정과 외국인 이주민 아동에 대한 장애 치료적 지원은 단순한 개별 치료를 넘어, 그들이 겪는 문화적·언어적·사회적 장벽을 함께 고려한 종합적인 접근이 필요하다. 이를 통해 이들 아동이 보다 안정적이고 균형 잡힌 발달을 이룰 수 있도록 돕는 것이 중요하다.

2024년, 원장님의 제안으로 한 해 동안 일반 어린이집에서 적절한 도움을 받지 못하고 가정 양육 중이던 만 5세 외국인 장애 아동 3명을 교실 내 치료 지원 및 개별 치료 지원을 하게 되었는데, 그중에서도 가장 기억에 남는 아동이 있다.

이 아동은 어린이집 입소 초기, 배변훈련이 되지 않아 기저귀를 착용하고 있었으며, 낯선 공간에 대한 두려움과 부모님과의 분리에 대해 불안감을 크게 느끼고 있었다. 이러한 불안은 주로 야외 산책 시간이나 놀이 시간에 두드러지게 나타났다. 아동은 종종 친구들이 활동하는 모습을 보면서도 뒤돌아보지 않고 무작정 달려가는 도전적인 행동을 보였고, 이로 인해 안전상의 위험이 발생할 우려도 있었다.

또한 아동은 불안하거나 심심할 때 무엇이든 입으로 가져가서 먹거나 빨고 씹는 행동을 보였다. 이는 아동이 자신의 감정을 다스리거나 안정시키는 방법 중 하나로 보였으며, 비정상적인 식습관이나 구강을 자극하는 행동으로 이어질 수 있었다. 이러한 행동들은 아동의 일상생활에 불편함을 초래하고, 또래와의 사회적 상호작용에도 부정적인 영향을 미칠 수 있었다.

이러한 도전적 행동과 불안정한 감정 상태를 해결하기 위해서는 아동이 자신의 감정을 인식하고 이를 적절히 표현하는 방법을 배울 수 있도록 돕는 것이 중요했다. 또한 아동이 특정 행동을 반복하지 않도록 유도하고, 긍정적인 행동을 강화하는 방식으로 지원을 이어가야 했다.

긍정적 행동지원(PBS: Positive Behavioral Support)은 아동이 환경에 적응하고, 자신의 감정을 보다 효과적으로 조절할 수 있도록 돕는 접근법이다. 이 지원의 핵심은 아동의 필요를 이해하고, 그에 맞는 대체 행동을 제공하는 것이다. 이를 위해 아동의 특성에 맞는 개별적인 접근이 필요했다.

아동은 노래를 좋아하는 특성을 가지고 있었기 때문에, 이를 효과적인 지원

도구로 활용할 수 있었다. 노래는 아동의 감정을 안정시키고, 교실이나 놀이 공간에서 발생할 수 있는 불안과 긴장을 해소하는 데 중요한 역할을 했다. 특히 발도르프 교육과정에서 함께 부르는 일과 리듬 노래를 자주 아동에게 반복적으로 들려주었고, 이는 아동이 마음의 안정을 찾는 데 큰 도움이 되었다.

노래는 아동의 감정을 진정시키고, 타인의 활동 소음이나 주변 환경에서 오는 자극에 대한 민감성을 완화하는 데 유용했다. 아동이 불안하거나 긴장할 때 노래를 듣는 시간을 가질 수 있도록 하였고, 그로 인해 아동은 점차 자신이 불안을 느끼는 상황에서 노래를 통해 마음의 안정을 찾는 방법을 배우게 되었다.

아동이 예민하고 불안한 상태일 때는, 과도한 자극을 피할 수 있는 환경을 제공하는 것이 중요했다. 아동이 친구들의 활동 소리나 울음소리에 민감하게 반응할 때는 잠시 교실을 벗어나 주변을 산책하거나 조용한 공간으로 데려가 아동이 마음을 안정시킬 수 있도록 지원하였다.

이 과정에서 아동은 자신이 혼자 있을 수 있는 공간에서 스스로를 다독이며 마음을 가라앉히는 법을 배우게 되었다. 또한 산책을 통해 아동은 외부 환경과의 상호작용에서 오는 불안을 자연스럽게 해소할 수 있었다. 이를 통해 아동은 점차 감정 조절의 방법을 익히고, 더 나아가 안정된 상태에서 교실 내 활동에 참여할 수 있게 되었다.

아동의 도전적 행동 중 가장 눈에 띄었던 것은 '뒤돌아보지 않고 무조건 달려가는' 행동이었다. 이는 아동이 자신의 불안이나 호기심을 충족시키기 위해 주변 상황을 신경 쓰지 않고 행동으로 옮기는 모습이었다. 이러한 행동은 안전상의 문제를 야기할 수 있었기에, 개별 치료 시간에 아동이 좀 더 안전한 방법으로 행동을 조절할 수 있도록 도왔다.

개별 치료 시간에서는 아동이 먼저 호명에 반응할 수 있도록 훈련을 진행하였다. 아동에게 일정한 규칙과 루틴을 제공하며, '호명에 반응하기'라는 목표를 설

정하고 이를 꾸준히 반복했다. 아동은 점차 이름을 부를 때마다 반응하게 되었고, 이를 통해 교실 내에서의 안전성과 규칙을 이해하는 데 큰 도움이 되었다. 또한 호명에 반응함으로써 아동은 다른 사람과의 소통 및 관계 형성에 있어 긍정적인 경험을 쌓을 수 있었다.

  1년간 교실과 개별 치료실에서의 긍정적 행동지원을 통해 아동은 많은 변화를 보였다. 우선 아동은 노래나 조용한 시간을 통해 자신의 감정을 조절하는 방법을 배웠다. 불안할 때는 자신만의 방법으로 마음을 안정시키고, 이를 교실 내 활동에 잘 반영할 수 있게 되었다. 호명에 반응할 수 있는 훈련을 통해 아동은 친구들과의 상호작용에서 더 많은 참여를 하게 되었고, 교실 내에서의 규칙도 점차적으로 이해하게 되었다.

불안한 상황에서 보였던 도전적 행동이 현저히 감소했다. 대신 아동은 안정된 상태에서 다른 활동에 집중할 수 있게 되었으며, 도전적 행동 대신 긍정적인 대체 행동을 선택할 수 있는 능력을 키웠다.

긍정적 행동지원은 아동의 특성에 맞는 개별적이고 체계적인 접근이 핵심이다. 아동의 불안과 도전적 행동을 이해하고, 그에 맞는 대체 행동을 제시하는 과정에서 아동은 점차 안정감을 느끼고 사회적 상호작용을 개선할 수 있었다. 이러한 지원은 아동에게 긍정적인 변화를 가져오며, 교실 내에서도 더 나은 환경을 형성하는 데 기여할 수 있음을 확인할 수 있었다.

이러한 긍정적인 지원을 통해 아동이 호전된 모습은 단순히 치료적 접근만으로 이루어진 것이 아니라고 생각한다. 아동의 변화에는 가정에서의 협조와 교사에 대한 신뢰가 중요한 역할을 했다는 점을 깊이 느꼈다.

가정은 아동의 첫 번째 교육 장소이자 가장 중요한 지원의 중심지이다. 부모님이 아동의 변화에 대해 열린 마음을 가지고 치료적 접근에 동참하며, 아동의 성장과 발달을 위한 환경을 함께 만들어 나갔기에 아동이 보다 안정적인 발달을 이룰 수 있었다.

또한 교실에 있는 여러 교사는 아동에게 안정감을 제공하고, 지속적으로 긍정적인 행동을 강화할 수 있는 환경을 마련하는 데 큰 영향을 미쳤다고 생각한다. 교사와 부모 간의 소통과 협력이 이루어질 때, 아동은 그 지원을 일관성 있게 제공받고, 각자의 필요에 맞는 개별적이고 효과적인 지원을 받을 수 있었다. 이는 아동의 자존감과 자신감을 키우는 데 필수적이었으며, 궁극적으로 아동이 자신의 능력을 발휘하고 또래들과의 상호작용에서 긍정적인 변화를 이끌어낼 수 있는 기반이 되었다.

따라서 많은 장애 아동의 치료와 발달을 위해서는 가정과 교사 간의 협력과 신뢰가 매우 중요하다는 것을 다시 한번 깨닫게 되었다. 이들의 협력이 함께 이루어질 때, 아동은 보다 안정적이고 긍정적인 환경 속에서 성장할 수 있으며, 그 결과는 아동의 발달뿐만 아니라 가정과 교육 현장의 전반적인 성과에도 긍정적인 영향을 미칠 것이다.

함께 만들어가는 변화

/ 김권아

자폐 스펙트럼 장애와 지적 장애를 가진 동원이라는 아이의 긍정적인 변화 과정에 대한 기록입니다. 교사는 동원이가 겪는 어려움을 파악하고, 착석 시간 늘리기, 의미 있는 표현 늘리기, 문해력 향상, 자발적인 문장 표현 유도 등 구체적인 목표를 세워 교육을 진행했습니다. 이러한 변화는 어린이집, 가정, 치료실의 긴밀한 협력과 소통을 통해 이루어졌으며, 약물 치료와 피드백 역시 효과를 높이는 데 기여했습니다. 동원이의 성장을 통해 교사는 더 나은 이해와 성장의 계기를 얻었으며, 부모님과의 열린 소통의 중요성을 강조합니다.

20××년 3월, 나는 새로운 교실에서 사랑스러운 동원이를 만났다. 동원이는 자폐 스펙트럼 장애와 지적장애를 함께 가진 귀여운 외모의 아이였고, 어머님은 치료사이어서 동원이에 대해 깊이 있게 이해하고 소통할 수 있었다. 하지만 새로운 환경에 적응하는 것은 동원이에게 큰 도전이었다. 자리에 오래 앉아 있지 못하고, 의미 없는 소리를 내거나 반복적인 행동을 보이는 등 자폐 스펙트럼 아동에게 흔히 나타나는 '사회적 의사소통의 질적인 결함'과 '제한된 관심사 및 반복적인 행동'의 특성이 두드러졌다.

"내가 이 아이에게 무엇을 해 줄 수 있을까?", "어떻게 하면 동원이가 의미 있는 변화를 경험할 수 있을까?" 막막했지만, 특수교육과 유아교육에 대한 나의 경험을 바탕으로 동원이에게 꼭 필요한 교육을 제공하기로 마음먹었다. 어머님과의 상담을 통해 '인지 발달'과 '의미 있는 언어 표현'의 향상을 주요 목표로 설정했고, 어머님도 이러한 변화가 쉽진 않겠지만 함께 도전하겠다는 의지를 보여주셨다.

첫 번째 도전―착석 유지 시간 늘리기

초등학교 입학을 준비하기 위해, 동원이가 자리에 앉아 있는 시간을 늘리는 것이 첫 번째 과제였다. 간식 시간부터 시작해 점차 점심시간, 소그룹 활동 시간으로 확대해 갔고, 옆에서 끊임없이 칭찬과 격려를 하며 자유놀이 시간에는 선호하는 놀잇감이나 손유희를 제공하여 주의 집중을 도왔다. 갑자기 일어나려 할 때는 눈을 마주치며 선호 활동(손뼉 치기)을 제안해 다시 앉을 수 있도록 유도했다. 가정에서도 동원이만의 공부 공간을 마련하고 식사 시 착석을 유도하는 등 연계를 통해 자발적으로 앉아 있는 시간이 늘어나게 되었다.

두 번째 도전—의미 있는 언어 표현 늘리기

동원이는 "이이이이", "어또어또" 등의 의미 없는 소리를 반복했다. 음성 모방을 요구하면 부정확한 발음으로 따라 했지만, 때로는 정확한 단어도 말하곤 했다. 가정 및 치료실과 협력하여 음성 훈련을 실시하였다. 조음 훈련 중에는 머리를 흔들며 소리를 내는 습관을 교정하고, 입 모양과 조음 위치를 지도하며 음성 모델링을 활용했다. 가성에서 진성으로 전환하는 발성 훈련도 병행했고, 노래나 동요를 통해 언어 학습의 즐거움을 느끼도록 유도했다.

세 번째 도전—발현적 문해 촉진하기

발현적 문해란 영유아가 자연스럽게 보이는 읽기 및 쓰기 행동은 물론 그에 대한 관심과 흥미를 포함한다. 동원이는 초기에는 글자나 쓰기에 전혀 관심을 보이지 않았고, 시선이 손과 따로 놀아 선을 따라 그리지 못했다. 손을 잡아 활동지에 시선을 유도하며 지도했고, 매일 알림장 쓰기를 통해 반복 노출을 하였다. 시간이 지나면서 종이를 색칠하는 수준에서 벗어나 글자를 인지하고 따라 쓰려는 모습이 나타났다. 동화 프로젝트를 통해 동화책에 관심을 가지게 되었고, 가정에서도 부모님이 취침 전 동화를 읽어주는 활동으로 이어졌다.

네 번째 도전—자발적인 문장 표현 유도하기

수용 언어는 가능하지만 표현 언어가 부족했던 동원이는 단어 조합에 어려움을 겪었다. 교실에서 고빈도 동사를 활용한 문장을 음성 모델링으로 제공하며 "정리하자", "손 씻자", "쉬 가자" 등 일상 표현을 반복해 노출했다. 치료실에서 배운 단어를 어린이집과 가정에서 함께 사용하도록 연계한 결과, 동원이는 그림 카드를 보며 자발적으로 단어를 말할 수 있게 되었고, 최근에는 "엄마 가자", "공부 싫어" 등의 문장도 표현하게 되었다.

다섯 번째 도전—약물 치료와 피드백 제공

약물 치료가 병행되며, 저는 동원이의 일상적 변화를 세심하게 관찰해 어머님과 공유했다. 약물에 따른 반응을 꾸준히 기록하고, 부작용이나 효과에 대한 정보를 교환하며 치료 효과를 높이고자 노력했다.

1년 동안 동원이는 많은 변화를 겪었다. 이 모든 것은 어린이집, 가정, 치료실의 긴밀한 협력 덕분이다. 특히 부모님의 적극적인 참여와 열린 소통은 개별화된 지원의 핵심이 되었고, 나에게도 교사로서의 깊은 성찰과 성장을 안겨주었다. 처음 장애 아동을 맡게 된 교사라면 부모님께 이렇게 다가가 보면 좋을 것 같다.

"오늘 아이가 집에서는 어땠나요?"
"어린이집에서도 함께 시도해 볼까요?"
"이런 방법을 사용 중인데, 가정에서도 함께해 주시면 좋겠습니다."

이러한 열린 소통은 아이의 성장에 큰 디딤돌이 될 것이다. 지금도 동원이는 새로운 도전을 준비하고 있다. 건강하게 성장해 갈 동원이의 앞날을 기대해본다.

변화될 수 있는 희망을 꿈꾸며

/ 김은영

6세 남아 솔이의 어린이집 적응 과정과 행동 변화에 대한 교사의 기록입니다. 솔이는 처음 어린이집에 왔을 때 자해 행동과 특정 장난감(와플 블록)에 대한 강한 집착을 보였지만, 교사들의 지속적인 지도와 노력으로 긍정적인 변화를 겪었습니다. 특히 자해 행동에는 소방 대피 훈련을 활용하는 독창적인 방법이 효과적이었으며, 와플 블록에 대한 집착은 블록을 제거하고 다양한 활동을 유도함으로써 개선되었습니다. 이러한 과정을 통해 솔이는 자해 행동을 멈추고, 언어 및 사회성 발달에서도 현저한 향상을 보였으며, 이는 교사들의 끈질긴 노력과 아이에 대한 믿음의 중요성을 보여줍니다.

2024년 새 학기가 시작되는 3월. 일반 어린이집을 2년 정도 이용한 6세 남자 아이인 솔이가 우리 반에 들어온다고 하였다. 솔이의 담임교사로서 너무나 궁금하고 기대가 되었다.

드디어 솔이를 마주한 첫날! 솔이는 늠름한 장군처럼 다른 또래에 비해 건강해 보이고 목소리도 우렁찼다. 전혀 낯설어하지 않고 호기심에 가득 찬 표정으로 교실 이곳저곳을 열심히 탐색했다. 이렇게 사랑스럽기만 한 솔이에게도 지속적인 교육을 통해 지도해야 할 사항들이 몇 가지 관찰되었다.

첫 번째로 가장 시급한 문제는 자해 행동이었다.

자신의 뜻대로 되지 않으면 큰 목소리로 울면서 두 손으로 얼굴과 머리를 있는 힘껏 때려 얼굴에 멍이 들 정도로 빨개지고 고막이 터질까 걱정이 될 정도였다.

솔이 자신도 힘들고 괴로워했지만 반 친구들에게도 영향이 가지 않을 수가 없었다.

자해를 심하게 하는 날에는 반 친구들도 동요되어 두 귀를 막고 소리 지르며 우는 아이, 불안한 표정으로 유심히 바라보는 아이, 심지어 모방까지 하는 아이도 있었다.

솔이 어머니도 자해가 가장 큰 고민이고 걱정이 되셔서 주말에도 지친 목소리로 전화 상담을 할 정도였다. 자해에는 분명히 이유가 있을 것이고 언어로 표현이 안 돼서 그럴 거라고도 생각한다. 반 선생님들이 함께 사례회의를 하며 다양한 방법으로 접근을 해도 소용이 없었다. 하루라도 빨리 해결책을 찾아 시도하여 지도하고, 안 되면 다른 해결책을 찾아 시도해 보아야 했다.

그러던 어느 날, 매달 한 번씩 하는 소방 대피 훈련을 하는 날이었다. 2층 올라가는 계단과 우리 반에 있는 소방벨이 요란하게 울려 퍼졌다. 소방벨 소리는 아이들이 오후 간식을 먹은 후 자유놀이를 하다 깜짝 놀라 소리 지르거나 우는 아이까지 있을 정도였다. 교사들은 아이들의 손을 잡고 "불이야~"라고 외치며 대피 장소로 재빨리 이동하였다. 솔이도 놀란 표정으로 두 귀를 막고 교사를 따라 열심히 뛰며 대피하였다. 대피 장소에서 소방 대피 훈련 교육을 마치고 교실에 들어온 솔이는 평소보다 유독 차분하고 얌전한 모습으로 바르게 앉아 놀이하는 것 같다는 느낌이 들었다.

여느 때처럼 반 선생님들은 솔이의 자해 행동에 대해 의논하며 행동 지원에 대해 의견을 나누었다. 선생님 중 한 분이 솔이가 소방 대피 훈련한 후 교실에서 놀이하는 모습이 달라 보였다는 이야기가 나왔다. 그날의 비상벨 소리 때문인지, "불이야"를 외치며 빨리 대피하는 상황 때문인지 정확히는 알 수 없었다. 하지만 평소보다 더 차분하고 약간 무서워하는 것 같기도 하고 교사의 지시를 더 잘 따르는 듯하였다. 다음에 자해하는 행동을 했을 때 소방 대피 훈련을 하는 척해 보는 것은 어떨까라는 교사의 제안이 있었지만 고민이 되기도 했다.

소방 대피 훈련은 아이들에게 화재 발생 시 대처 방법과 대피 절차를 알려주는 중요한 안전 교육으로, 이를 통해 아이들이 화재 상황에서 신속하게 대처하

다양한 놀잇감으로 놀이하는 솔이

고 안전하게 대피할 수 있는 능력을 기를 수 있는 중요한 교육인데 솔이의 문제 행동에 활용하는 것이 적절한가에 대한 고민을 안 할 수가 없었다.

하지만 솔이에게는 자해 행동 중재가 더 시급하고 무엇보다 우선순위였다.

우리 교사들의 고민을 솔이 어머니에게 말씀드리고 상의하였다. 흔쾌히 허락을 해 주셔서 솔이가 자해 행동을 할 때 소방 대피 훈련을 하는 척 시도해 보기로 하였다.

점심시간이 되었다. 좋아하는 장난감을 정리하고 점심을 먹자고 했을 때 소리를 지르며 얼굴과 머리를 인정사정없이 무서울 정도로 때렸다. 이때 반 선생님들이 큰 목소리로 "소방 대피 훈련!"이라고 외쳤다. 갑자기 솔이가 자해를 멈추고 평소 쉬고 싶을 때 가는 자리로 돌아가 가만히 앉아 긴장된 표정으로 주위를 살피는 것이 아닌가!

이 방법이 솔이에게 통하였다.

그 이후로 자해하는 모습이 눈에 띄게 줄어들었다. 지금은 신기할 정도로 거의 나타나지 않고 있다.

아마도 자신의 요구사항이 받아들여지지 않을 때 자해를 통해 원하는 것을 얻으려 했을 것이다. 자해 행동을 막기 위해 솔이가 싫어하는 자극을 제공하여 자해를 억제한 것이 아주 바람직한 지도는 아닐지라도 이 계기를 통해 솔이는 자해를 하지 않고도 생각을 표현할 수 있고, 스스로 자해를 안 했을 때 고통스럽지 않고 편안함을 느꼈던 것 같다.

두 번째는 특정 놀잇감에 대한 강한 집착이다.

솔이는 입소 초기부터 와플 모양 블록에 대해 관심을 아주 많이 보였다. 우리 어린이집에 입소하기 전 일반 어린이집에서도 와플 블록을 좋아해서 블록이 놓여 있는 솔이만의 책상이 있었다고 한다. 그리고 와플 블록은 '솔이의 유일한 친구'로 상호작용하고 전체 일과 중 오로지 이 블록에만 의존하며 안정을 찾기 위한 대상이라고 어머님께서 말씀하시며 우리 어린이집에서도 제공해 주라고 하셨다.

습관적으로 교실 밖으로 나갈 때 와플 블록을 제공하였고, 돌아다니며 먹으려고 하던 간식 시간이나 점심시간에는 와플 블록을 옆에 두고 자리에 앉아서 음식을 다 먹고 일어나도록 하였다. 그리고 친구들이 모여 있는 곳으로 와플 블록을 가지고 와서 놀이하도록 한 후 자연스럽게 솔이도 활동에 참여할 수 있도록 관심을 유도하였다.

이렇듯 와플 블록을 이용하여 교실 이탈과 자리 이탈 그리고 착석에 대한 사회적인 규칙을 인지할 수 있도록 일관성 있게 꾸준히 지도하였다. 다행히 솔이가 잘 따라와 주었다.

그런데 시간이 흐르면서 솔이가 와플 블록에 너무 집착하는 모습이 보였다. 와플 블록을 책상에 펼쳐 놓고 끼웠다 뺐다를 반복하며 놀고 있는데, 반 친구가 와플 블록 한 개를 가지고 다른 곳으로 갔다. 솔이는 와플 블록을 가져간 친구에게 가서 소리 지르거나 울며 끝까지 뺏어 왔다. 또 다른 친구가 와플 블록을 만졌다. 솔이는 못 만지게 그 친구의 손을 툭 밀었다. 블록 한 개라도 없어지면 안 되고 오로지 혼자 다 가지고 놀아야만 했다.

하루 종일 와플 블록만 가지고 놀이하려고 하였다. 다양한 활동을 할 수 있는 충분한 능력이 되는데도 다른 활동에 대한 거부감이 심해졌다. 와플 블록으로 좋아진 건 분명 있지만 부작용 또한 간과하지 않을 수 없었다.

그래서 와플 블록을 제거하고 교구를 재배치하기로 하였다. 솔이가 긍정적인 반응을 보이면 다행이지만 염려되는 마음이 더 컸다.

다음 날 솔이가 등원하여 교실 여기저기를 둘러보며 와플 블록을 찾는 듯하였다. 교실 모두를 둘러보아도 와플 블록이 보이지 않자 책꽂이로 가서 그림책을 가지고 책상 앞에 앉는 것이었다. 걱정스러운 눈빛으로 지켜보았는데 뜻밖의 모습을 보고 마음이 놓였다.

　와플 블록을 제거하고 상황에 맞추어 꾸준히 지도하였다. 몇 개월이 지난 후 솔이에게 긍정적인 변화들이 서서히 찾아왔다.

　와플 블록 없이 자리에 앉아 식사를 하게 되었으며, 다양한 활동에도 잘 참여하고, 다른 교구들을 가지고 놀이하는 모습을 보였다. 또한 놀라울 정도로 언어, 사회성, 인지 등에서도 급격하게 향상되어 갔다.

　호명에 크게 반응을 보이지 않았던 솔이가 "네"라고 대답하고, 지금은 "○○ 주세요"라고 자신의 요구사항을 말로 하며 교사의 말을 제법 정확한 발음으로 따라 말하려고 노력하고 있다. 발음이 생각처럼 나오지 않을 때에는 입술을 움찔거리며 노력하는 모습이 그리 기특할 수가 없다. 뿐만 아니라 사물 이름을 곧잘 말하고, 친구들에게도 관심을 보이며 먼저 다가가 안기기도 한다. 지금은 장난꾸러기 표정으로 친구에게 장난을 치고 도망가며 천진난만하게 활짝 웃는 아이가 되었다.

　어린이집에서 교사들과 치료사의 세심한 돌봄을 받고, 다양한 놀이 방법을 습득했기 때문에 블록이 없어도 불안해하지 않고 변화된 환경에 적응하는 바람직한 행동들이 나타난 것 같다.

　16년 정도 어린이집에서 영유아를 보육하면서 많은 아이들을 만났지만, 솔이처럼 1년도 채 되지 않는 짧은 기간 동안 문제 행동이 개선되고 다양한 부분에서 좋아진 경우는 참 드물고 특별한 것 같다.

　똑같이 고민하고 노력을 해도 아이들에 따라 긍정적으로 변화하는 모습과 기간이 다르다.

　더 나은 아이들의 모습을 위해 우리 교사들은 오랜 시간이 걸린다 해도, 변화된 모습이 보이지 않는다 해도 결코 포기하지 않을 것이다. 아이들에 대한 믿음을 가지고 끊임없이 노력할 것을 다짐해 본다.

살아온 환경에서
돌봄 받기를 꿈꾸며

/ 김시내

자폐스펙트럼 장애를 가진 아이를 키우는 한 부모의 경험을 다루고 있습니다. 아이가 어린 시절 발달 퇴행을 보이기 시작하며, 처음에는 코로나로 인한 언어 지연으로 오해했으나 점차 사회성 및 행동 변화를 통해 장애를 인지하게 되는 과정을 설명합니다. 부모는 현실을 받아들이기 힘들어 어려움을 겪기도 했지만, 아이와의 관계 개선 및 양육 태도 변화를 통해 긍정적인 변화를 맞이하게 됩니다. 그러나 여전히 지역 사회 내 장애 지원 자원의 부족에 대한 아쉬움을 토로하며, 장애 아동을 위한 다양한 보육 및 치료 시설 확대와 지역별 거점 발달 운영 기관 설립의 필요성을 강조하고 있습니다.

2020년생 자폐스펙트럼 장애 아이를 키우는 엄마이다. 아이의 다름을 알고 받아들이기까지 노력했던 경험들과 느낀 점들을 나눠 보려 한다.

우리 아이는 20개월까지 일반 아동들과 비슷한 발달을 보이며 엄마, 아빠를 부르다가 점차 퇴행으로 말을 잃었다. 처음엔 일시적인 현상인 줄 알았다. 시기적으로도 뉴스에서 코로나 베이비들은 마스크 착용, 거리두기 영향으로 언어 지연이 많다고 하니 우리 아이도 그럴 거라 생각했다.

첫째라 육아에 무지했고, 맞벌이의 분주함을 핑계로 막연히 아이의 발화만을 기다리던 사이 아이는 점차 주변 가족들도 눈치챌 만큼 사회성과 행동에 변화를 보이기 시작했다.

누구와의 소통도 거부하듯 호명과 눈 맞춤은 전혀 되지 않았고, 감각 처리 어려움 탓에 과도한 시각 추구, 구강 추구가 심해졌다. 그렇게 8개월이 지난 후인 28개월이 되어서야 무언가 잘못되어 가고 있다는 것을 뒤늦게 깨닫고 병원과 센터를 다니기 시작했다.

병원에서는 자폐 가능성을 말했지만, 언어만 트이면 아무 문제없을 것이라 생각했던 나는 3~6개월이면 말이 트이고 치료가 끝날 줄 알았다. 그래서 일타 강사를 찾듯 인근 대도시 학군지로 언어 치료, 감각 통합 치료를 받기 위해 왕복 1시간 반 이상을 다니는 수고도 마다하지 않았고, 여러 센터에 대기를 걸어두기도 했다.

하지만 아이는 3개월이 지나고, 6개월이 지나도 말이 트이지 않았다. 엎친 데 덮친 격으로 어린이집에서는 아이가 지시에 전혀 협조가 되지 않는다며 더 이상 돌보기가 어려우니 장애아전문어린이집을 알아봤으면 좋겠다는 말과 함께 퇴소를 권유했다.

어쩔 수 없이 새로운 어린이집을 찾아야 했고, 기존에 살던 A지방(인구 11만)에서는 장애아전문어린이집이 1곳, 남편의 사업장이 있는 B지방(인구 21만)에는 3곳이 있다는 것을 알게 되었다.(두 곳 모두 장애통합형 어린이집은 없었다.)

일단 지역 내에 한 곳이라도 있다는 것이 다행이긴 했지만, 이왕이면 다양한 보육시설을 비교해 보고 아이에게 잘 맞는 곳을 선택하고 싶었다. 그래서 여러 상황을 고려해 B지방으로 이사를 결심했고, 이후 새로운 곳에 정착해 지금까지 장애아전문어린이집을 다니고 있다. 돌이켜 보면 지나온 2년간의 시간은 장애아 가족으로의 입문과 적응의 시간이었던 것 같다.

처음에는 현실을 받아들이지 못했고, 미래를 떠올릴 때마다 암담했다. 여러 걱정과 고민들로 항상 신경이 예민해 있었고, 엄마로서 부끄러운 고백이지만 아이보다 내 자신의 처지가 서러워 울 때도 많았다. 주어진 삶이 버겁다는 이유로 잘못된 생각을 해 보기도 했고, 아이를 보면 안쓰러우면서도 미운 감정이 들었다. 그런 막막함 속에서 되는 대로 여러 치료를 시도했고, 근본적으로 부부의 양육 태도도 바꾸기 위해 노력해 보는 등 아이와 함께 살아갈 방법을 찾았다.

마치 매일 안개 속을 걸어가는 것 같았다. 즉각적인 변화가 보이지 않는 것 같아 속상할 때도 있었다. 시행착오의 반복 같았던 시간들 속에 먼 미래를 꿈꾸는 것조차 힘들게 느껴져 오늘 주어진 하루의 삶만 살려고 노력하는 동안 점차 변화는 찾아왔다.

첫 변화의 시작은 나였다. 이전의 나는 누구보다 회사 일에 진심이었고, 아이에게 경제적 자유를 주고 싶다는 이유로 재테크와 자기계발에 열심이었다. 하지만 지금의 나는 현재 내 눈앞에서 놀고 있는 아이의 놀이에 더 관심을 갖게 되고, 얼굴을 바라보며 웃을 수 있는 일상의 소중함을 배우게 되었다. 그렇게 되니 아이가 더 이상 부담스럽게 느껴지지 않고 사랑스럽게 느껴지기 시작했다.

자기 나름대로 성장하고 있는 모습이 기특해 보이고, 품안에 폭 안겨 잠든 모습을 보면 '이런 게 모성애구나' 느끼기도 한다. 내가 달라지니 남편도 달라지기 시작했다.

기존에는 사업상 늦은 퇴근으로 각방을 쓰고 있었기에 가끔 이른 귀가를 하더라도 아이는 아빠를 낯설어하며 침실에서 밀쳐냈다. 아이와의 애착 증진을 위해 어린이집이 끝나면 아빠 가게에 들러 간식이라도 먹고 돌아왔고, 취침 루틴을 바꾸어 조금 늦게 잠들더라도 아빠와 함께 침실에 들어가는 연습을 했다.

몇 주 후 아이는 아빠를 받아들이게 되었고, 지금은 남편 역시 센터 동행을 도맡아주는 등 부자간의 애착이 진하게 형성되고 있다. 감사하게도 아이 역시 자신만의 속도로 열심히 성장하며 그동안의 배움을 선보이고 있는 중이다. 눈 맞춤 횟수가 늘어가고, 지시 협조나 자조 기술에도 변화를 보여 주고 있다.

우여곡절의 시간들이 그냥 흐르고만 있는 것이 아니라, 커다란 아름드리나무의 나이테처럼 소중한 선물들을 남겨 주었다는 것을 알게 되었다. 하지만 이런 귀한 경험 속에서도 한 가지 아쉬움이 있었다.

최초 진단 때나 지금이나 지역사회 내에서 도움을 받을 수 있는 자원이 현저히 부족하다는 것이다. 지방의 경우 더욱 심하게 느껴졌다.

　재활치료 및 교육 인프라가 수도권, 대도시에 집중되어 있어 치료를 위해 서울, 부산 등을 오가야 했고, 기본적인 보육시설 역시 손에 꼽다 보니 생활 근거지를 바꾸며 이사를 가야 하는 상황도 생겼다.(우리는 아이가 학교에 진학할 때쯤 아마 또 이사를 가야 할 수도 있겠다고 예상하고 있다.)
　웬만한 발달센터는 수개월 대기가 기본이고, 치료비용 역시 나라에서 지원되는 발달 바우처만으로는 턱없이 부족하다.
　병원이나 언론에서는 조기 개입의 중요성을 강조하면서도 정작 현실에서는 도움받을 수 있는 곳이 적다 보니, 부모의 입장에서는 아이의 장애 진단 충격과 더불어 스스로 살길을 찾아야 하는 막막함의 이중고를 겪고 있다.
　부모로서의 바람은 우리 장애 아이들이 보다 다양한 보육과 치료를 겸한 어린이집이 많아졌으면 좋겠다. 또한 전국에 장애 아이들을 위한 지역별 거점 발달 운영 기관이 마련되어 전문가 간 활발한 교류를 통해 최신 경향, 부모 교육 등이 이루어지고, 다양한 선진 교육들을 실제 현장에 도입해 지역별 교육 격차가 줄어들 수 있으면 좋겠다.

고령화 사회에 어르신들에게 Aging In Place (AIP, 살아온 집에서 노후 보내기)를 위한 정책이 늘어나듯, 꾸준히 증가하고 있는 발달장애 아이들에게도 살아온 환경에서 돌봄 받기를 위한 노력들이 필요하다고 생각한다. 더 많은 아이들이 살고 있는 환경에서 있는 그대로 존중받으며, 도움이 필요할 때 가까이에서 도움 받고, 행복을 누릴 수 있었으면 좋겠다.

장애아전문어린이집에서 배우는 언어 치료의 가치

/ 김영화

발달 지연 아동 전문 어린이집에서 근무하는 언어 치료사의 경험을 공유합니다. 한 아동의 언어 발달 사례를 제시하며, 초기 발달 지연 진단에도 불구하고 언어 치료와 통합 교육을 통해 현저한 성장을 이루어 일반 학급에 적응하게 된 과정을 보여줍니다. 치료사는 Vygotsky의 근접발달영역 개념을 언급하며 전문 어린이집의 환경이 아동 발달을 다각적으로 지원하는 데 유리함을 강조합니다. 성공적인 치료는 치료사 혼자만이 아닌 학부모와 다른 교사들의 협력 덕분이라고 밝히며, 언어 치료의 기본과 아이들에 대한 사랑의 마음가짐의 중요성을 역설합니다. 마지막으로 치료사로서의 초심과 아이들을 향한 헌신을 다짐합니다.

다음의 표는 내가 5년 이상 근무하고 있는 어린이집에서 만난 친구들 중, 가장 큰 성장을 보였던 우석이의 검사 결과이다. 우석이는 발달 지연으로 어린이집에 입소했으며, 부정확한 발음으로 또래 친구들과의 의사소통에 어려움을 겪었다. 2023년 3월 검사 당시 우석이의 생활 연령은 4세 4개월이었으나 발달 수준은 약 1세 3개월가량 낮게 나타났다. 그러나 2024년 8월(5세 9개월) 실시한 검사에서는 수용 언어는 최고 한계선을 넘을 정도로 높은 수준을 보였고, 표현 언어는 1년 5개월 사이 두 배 가까이 향상되었다. 또한 구문 의미 이해력 검사(KOSECT)에서는 또래 평균보다 높은 점수를 기록하였다. 2025년 3월, 우석이는 일반 초등학교의 일반 학급에 입학하여 현재 잘 적응하고 있다.

우석이의 성장은 언어치료사로서 내게 큰 자신감을 심어주었고, 이는 나 혼자만의 힘이 아니라 학부모님과 여러 선생님의 협력이 있었기에 가능했다고 믿는다. 나는 이 경험을 바탕으로 내가 아이들과의 치료에서 중요하게 생각하는 가치와 접근 방식을 정리해 보고자 한다.

	2023년 3월	2024년 3월	2024년 8월
수용언어	41개월	58개월	산출 불가
표현언어	32개월	47개월	64개월
통합언어	37개월	53개월	

취학 전 아동의 수용 및 표현언어 발달 척도(PRES)

	2023년 3월	2024년 3월	2024년 8월
수용언어	2세 6~8개월	6세 6~11개월	7세 0~5개월
표현언어	3세 6~11개월	5세 6~11개월	6세 6~11개월

수용 및 표현 어휘력 검사(REVT)

원점수		28점
백분위수	연령 규준	64 %ile
	학년 규준	해당 없음
또래 집단의 평균 및 표준편차	연령 규준 (6개월 집단 ☑ 1년 집단 ☐)	평균 : 27 표준편차 : 13
	학년 규준	해당 없음

구문 의미 이해력 검사(KOSECT)
(본 아동은 검사 당시 5세 9개월로 '연령규준'으로만 결과가 기록됨. 검사 대상: 만 4세에서 초등 3학년 정도의 구문이해력 범주에 있는 아동)

장애아전문어린이집에서 치료사는 매년 3월 새로운 아동을 만나 라포를 형성하고, 비표준화 및 표준화 검사를 통해 언어 발달 계획을 수립한다. 우석이는 기능적 문제는 없었지만 발음이 부정확했기에 구강 운동 계획을 세우고 치료를 시작했다. 라포가 잘 형성된 상태에서 구강 운동을 진행하며, 발음의 중요성과 효과를 자연스럽게 체험하게 했다.

우석이는 또래와의 관계에서 어려움을 겪었지만, 작고 긍정적인 변화에도 칭찬과 격려를 아끼지 않음으로써 자신감을 회복해 나갔다. 나는 언어치료실이라는 공간이 모든 아이들에게 안전하고 편안한 공간이 되도록 노력했고, 그 결과 아이들이 제 손을 잡거나 직접 찾아오는 모습을 볼 때마다 뿌듯함을 느꼈다.

우석이의 치료에서는 말 명료도를 높이기 위해 음운적 치료 접근법 중 '주기법'을 활용했다. 이는 음소 하나하나의 정확도보다는 전체 발화의 명료도 향상에 초점을 둔 방법이다. 또한 'IN 치료'(치료사가 교실 상황에서 자연스럽게 아동의 놀이에 참여하여 언어적 자극을 제공하는 방식)와 일반 어린이집과의 통합교육을 병행하여 우석이의 화용 언어 능력을 향상시켰다.

학기 초에는 또래 및 비장애 아동과의 소통에 어려움을 겪던 우석이가 점차 발음이 명확해지고, 반 친구들과의 놀이에서 주도적인 역할을 하게 되었으며, 통합교육에서는 성인 도움 없이도 또래와 자연스럽게 대화하는 모습을 보이게 되었다.

이러한 변화는 내가 근무하는 장애아전문어린이집의 환경 덕분에 가능했다. 이곳에서는 치료 시간 외에도 아이들과 함께할 수 있는 시간이 많기에, '비고츠키의 근접 발달 영역(ZPD)' 이론을 실질적으로 적용할 수 있다. 치료사로서 나는 아이들의 실제 발달 수준(스스로 할 수 있는 것)과 잠재적 발달 수준(도움을 받아 할 수 있는 것) 사이를 더 빠르고 정확하게 파악할 수 있었고, 적절한 자극을 통해 그 간극을 좁힐 수 있었다.

나는 언어치료를 할 때 '기본'을 지키는 것을 매우 중요하게 생각한다. 아이들의 현재 상태를 정확히 파악하고, 그에 맞는 맞춤형 치료 계획을 세우는 일은 당연하지만, 이 일을 시작했을 때의 '마음가짐' 또한 잊지 않으려 한다. 아이들을

비장애아동과 상호소통 해보기

진심으로 사랑하고, 그들의 성장을 돕는 이 일이 얼마나 가치 있는지를 매 순간 되새기며 치료에 임하고 있다.

  선생님들께도 당부드리고 싶다. 각자의 노하우와 열정을 바탕으로 '기본'을 지켜 가며, 아이들을 사랑하는 마음으로 치료에 임한다면 발달이 늦은 아이들도 반드시 성장할 수 있다. 학부모님들께는 가정에서 많은 어려움을 겪고 계시겠지만, 아이를 위해 처음 가졌던 마음을 다시 떠올려 보시고, 어린이집과 치료센터에서 배운 내용을 집에서 반복해 주거나, 자기 전 책 한 권을 읽어주시는 것만으로도 큰 도움이 될 수 있음을 기억해 주셨으면 좋겠다.

  이 글을 쓰며 나 또한 언어치료사로서 처음 가졌던 마음가짐과 기본을 다시 떠올리게 되었다. 아기들을 좋아하던 그 마음을 간직한 채, 아이들의 언어 발달을 진심으로 돕는 언어치료사로 오래도록 최선을 다하겠다.

혼자가 아닌 함께

/ 강지영

어린이집의 작업치료사가 병원 치료 환경에서 어린이집으로 옮기면서 겪는 경험에 대해 이야기합니다. 처음에는 개별 아동의 다양한 요구에 직면하며 좌절감을 느꼈지만, 원장의 격려와 동료 교사들과의 협력을 통해 아이들을 위한 긍정적인 치료 환경을 만들고 치료사로서 성장하는 과정을 보여줍니다. 치료사는 혼자보다는 함께 일할 때 아이들의 발달을 효과적으로 지원할 수 있음을 깨닫고, 긍정적인 행동 지원과 협력적인 접근 방식의 중요성을 강조합니다. 결과적으로, 아이들을 위한 진정한 치료사가 되기 위해 노력하며 자신감을 갖게 되었다고 말합니다.

작업치료사, 혼자!

병원에서 작업치료사로 일하던 내가 어린이집으로 이직하며 첫 출근을 하던 날, 대단한 각오를 하며 기운차게 발걸음을 옮겼다.

'아이들을 위한, 아이들을 진정으로 위하는 웃음 가득한 작업치료사가 되리라~ 그 어떤 경우에도 얼굴을 찡그리지 않으리라.'

첫 출근과 동시에 보육실의 아이들을 관찰하는 업무가 시작되었다.

작업치료사로서 무엇을 어떻게 할 것인지 계획해야 하기에 아이들이 좋아하는 것과 두려워하는 것과 반응을 보이는 자극이 무엇인지 관찰했다.

"아~빠, 아빠"라며 보육실 내부를 온종일 빙글빙글 돌아다니며 알아듣지도 못하는 소리를 지르며 나를 바라보던 아이를 보며 얼굴 찡그림.

"빠빠", "아어아엉"라며 까치발로 폴짝폴짝 뛰어다니며 나의 등짝으로 와락 업히던 아이를 보며 얼굴 또또 찡그림.

숟가락 들기의 어려움으로 인해 한 숟가락씩 밥을 떠먹였던 아이가 선호하는 장난감의 뚜껑을 열며 놀이하던 아이를 보며 또 한 번의 찡그림.

병원과는 달리 어린이집에는 다양한 장애 영역의 아이들 욕구에 맞춰 치료법을 조정해야 하기에 어린이집에서의 첫날을 보내며 나의 대단한 각오는 쪼그라들기 시작했다. 동시에 아이들의 개별 특성과 신체적 특징에 맞는 치료 교육 계획을 수립해야 하는 것이 두려웠고 도망치고 싶었다.

'아이들을 진정으로 위하는 웃음 가득한 작업치료사'가 되겠다는 각오는 단 하루 만에 물거품이 된 것 같았다.

머릿속이 복잡한 나날들을 보내던 어느 날,

원장님의 말 한마디에 눈이 번쩍, 머릿속도 번쩍번쩍거리며 내 마음이 설렘으로 요동치기 시작했다.

"아이들에게 가장 좋은 환경은 활짝 웃는 교사의 모습이며, 그것은 바로 아이들을 위한 교사 즉, 나 자신을 위한 긍정적인 에너지원입니다."

'그래~ 나를 위한 웃음 띤 얼굴 모습이 결국에는 아이들을 위한 긍정적인 환경이 되겠구나~ 나부터 변화를 시도해야겠구나~'

그 한마디로 인해 그때부터 10여 년이 지난 지금까지, 섬세한 관찰과 끈기의 모습으로 아이들의 웃음과 눈물을 마주하며 하루를 시작한다.

치료 교육 도중에 갑작스레 울음을 터뜨리며 활동을 거부하거나, 치료 교육 종료 후에도 여전히 불안해하거나 자리를 뜨지 않으려는 아이.

몇 달 동안의 노력에도 불구하고 과제 수행 자체를 거부하는 아이, 손을 사용해야 하는 과제에서 매번 실패를 반복하는 아이.

작업치료사로서 자격이 부족하여 아이에게 적절한 교육 방법을 찾지 못하는 것은 아닌지 자괴감이 들기도 했다.

하지만 장애 영유아들의 일상생활을 독립적으로 수행할 수 있도록 아동의 개별적인 요구와 특성에 맞춘 치료를 제공하는 작업치료사 역할에 부합하기 위해 효율적인 특수교육을 위한 치료 서비스를 제공한다는 생각으로 나만의 치료 계

획을 수립하고 열심히 달려왔다.

햇볕이 쨍쨍 내리쬐던 여름날, 작업치료사인 나 자신이 부끄럽게 느껴졌던 그 날을 결코 잊을 수 없다.

과제 수행을 위한 언어적 촉구만으로도 도전적 행동을 보이며 울기 시작하던 아이는 바닥에 몸을 던지며 양팔과 다리를 바닥에 세게 부딪히기 시작했다. 그 순간 나는 아이들의 긍정적 행동 지원을 위한 최소한의 환경부터 점검하며 치료용 매트 제공을 통해 안정감을 찾을 수 있도록 유도했다.

하지만 아이는 팔, 다리를 매트로 세게 내리치며 10여 분 동안 울음을 지속했을 때 선임 교사(특수교사) 도움을 요청할 수밖에 없었다. 다행히도 선임 교사의 도움으로 울음을 터뜨리던 아이는 조금씩 안정감을 찾았다.

같이 지원하는 교사들과 '함께'

아마도 그때부터였던 것 같다.

아이의 교육을 위해 다양한 분야의 전문가들이 협력하여 사회적, 정서적, 신체적으로 성장할 수 있도록 도와야 한다는 것을.

아이의 행동에 대한 원인과 중재는 인터넷 검색으로 흔히 찾을 수 있는 정보들이 넘쳐난다.

하지만 우리 어린이집 아이에게 맞는 치료 교육이나 특수교육을 찾아내고 적용하는 것에는 제한점이 있다.

그래서 어린이집 전체 교직원들은 '아이의 특성과 지도 방안'으로 매일을 다같이 함께 치열하게 이야기를 나눈다.

'혼자가 아닌 함께'하니 장애 유형에 따른 행동 특성을 신경과학적이나 생리학적 측면에서 접근하며 아이에 대한 이해도를 높이는 데도 매우 효과적이다.

역치와 민감도의 반비례 관계에 대해 짚어보며 감각 과민이거나 과소인 아이들에게 적용할 수 있는 교육 및 치료적 접근에 대하여 선생님들과 논의하기도 하며 '부적응 행동 수정을 위한 긍정적 행동 지원', '사회적 기술 훈련 및 자기 조절 훈련'에 대해 논의하고 적용하니 아이들의 발달 상황표가 긍정적인 방향으로 작성되면서 저절로 신이 난다.

"우리 XX는 까치발하는 모습이 자주 관찰돼요~ 이유가 있을까요? 소거해야 하는 행동일까요?"

고유수용성 감각을 위한 자기 입력이거나, 혼자 놀이를 하는 것이거나 각성 수준을 조절하려는 행동일 수도 있다.

내 생각을 일방적으로 해석하지 않고 장애 영유아 보육교사, 특수교사와 함께 관찰하며 중재 방안을 모색했다.

자기 자극으로 사료된 아이에게는 '트램펄린에서 점프하기', '그네에서 스스로 움직임 만들어 타기' 등의 활동으로 전환하였더니 보육실 내 까치발하는 모습이 줄어들었다.

아동에게 무엇이 필요한지, 불편한지 함께 고민하며 변화하는 아동의 모습을 보면 즐겁고 뿌듯함까지 느끼게 된다.

결국엔 혼자가 아닌 함께여서 가능했던 것이었다.

개별적 특성과 필요에 따른 아이의 전반적인 발달을 지원하고 그들의 잠재력을 발휘할 수 있도록 특수교사, 장애 영유아 보육교사와 그리고 원장님, 원감님, 치료사 모든 교직원이 함께 노력하는 것임을 인지했을 때 이제야 비로소 어린이집으로 첫 출근 때 다짐했던 '아이들을 위한, 아이들을 진정으로 위하는 웃음 가득한 작업치료'가 실행되고 있었다.

생각의 전환이 된 요즈음은 나도 아이들도 즐겁게 치료실로 향한다. 물론 나의 얼굴 모습은 싱글벙글 웃음이 가득하다.

무언가를 가르치기보다는 아이의 내적 동기를 자극하는 긍정적 행동 지원을 위한 환경 마련에 중점을 두는 작업치료사로 거듭나게 되었다.

아이들이 바깥세상과 부딪히며 살아갈 때 존중받는 하나의 인격체가 될 수 있도록 아이들을 위한 소리와 움직임으로 어린이집은 늘~ 분주하다.

자신 있게 말해본다. 나는 혼자서 치료하는 작업치료사가 아니라 함께하는 장애아전문어린이집 작업치료사다.

따뜻한 손길 마음의 다리

/ 정주리

교사가 아동과의 상호작용을 통해 겪은 경험과 깨달음을 서술하고 있습니다. 처음에는 친구들에게 경계심을 보이던 지호가 놀이를 통해 다른 아동과 긍정적으로 소통하며 변화하는 과정이 그려집니다. 이를 통해 교사는 아동의 도전적 행동 이면에 있는 감정과 이유를 이해하려 노력하고, 강압적인 방식보다는 자연스러운 관계 형성을 돕는 것이 중요하며, 아동을 성장 가능성이 있는 존재로 바라봐야 한다는 점을 깨닫게 됩니다. 교사는 앞으로 아동의 관점에서 문제 상황을 바라보고 긍정적인 상호작용을 통해 아동의 성장을 돕는 교사가 되기를 다짐합니다.

    지호는 주변 친구들에게 관심이 많지만, 누군가 다가오는 것을 무조건 경계하는 아이였다. 때로는 옆에 다가오기만 해도 반사적으로 도전적 행동이 나오는 경우도 있었다. 그래서 나는 항상 고민했다. 지호가 어떻게 하면 친구의 접근을 즐겁게 받아들일 수 있을까?
    어느 날, 평소와 같이 아이들과 하루를 시작했다. 지호는 자유 놀이 시간에 교구장의 벽돌 블록을 모두 꺼내 다른 곳으로 옮겼다. "지호야! 벽돌 블록으로 마을을 만들어 볼까?"라는 말에 지호는 "응!" 하고 힘차게 대답하며 블록 있는 곳으로 다가왔다. "마을을 작게 만들까, 크게 만들까?"라고 묻자, 예상대로 "크게!"라고 대답했다. 우리는 매트 크기에 맞춰 블록을 쌓으며 큰 마을을 만들기 시작했다. 그러던 중 지호는 갑자기 감자 인형을 가져와 "코 자!"라고 말했다. "감자가 자는구나! 그럼 침대를 만들어 볼까?"라고 제안하자 "응!" 하며 놀이가 '마을 만들기'에서 '감자의 집 만들기'로 자연스럽게 이어졌다.
    지호는 감자 인형에게 음료수를 만들어 먹이는 흉내까지 내며 놀이에 몰입했다. 그때 장환이가 지호의 마을에 들어오자, 지호는 두 손으로 장환이를 밀며

"나가!"라고 외쳤다. 파트너 교사가 "지호야, 장환이도 여기서 같이 놀아도 돼?"라고 묻자 "아니!"라고 대답했다. 장환이가 다시 다가오자 지호는 손을 들어 장환이를 때릴 듯한 자세를 취했다. 나는 재빨리 "지호야, 장환이에게 지호가 만든 음료수 줄까? 선생님이 컵 가져다줄게!"라고 말하며 컵을 건넸다. "장환아, 지호가 만든 음료수야! 꿀꺽 냠냠~" 하고 시늉을 하자 지호도 컵을 들어 장환이에게 음료를 먹이는 흉내를 냈다. 그 순간부터 지호는 장환이에게 관심을 보이기 시작했다.

지호는 모형 음식과 캠핑용품을 들고 와 "음료도 마셨으니 이제 배를 채워 볼까~"라고 말했고, "고기! 피자!"라고 외쳤다. 장환이가 고기를 가리키자, 지호는 잠시 멈칫했지만 곧 접시를 가져와 고기를 올려 장환이에게 건넸다. 나는 속으로 놀랐다. '지호가 정말 장환이와 소통하며 놀이하고 있구나.' 장환이가 고기를 먹는 시늉을 하자 지호도 웃었고, 나도, 장환이도 함께 웃으며 순간 교실은 웃음으로 가득 찼다.

장환이가 감자 인형에 관심을 보이자 지호는 장환이의 어깨를 툭툭 치며 "응! 응!" 하고 자신을 바라보게 유도했다. 이후 에그타르트를 반으로 나눠 장환이에게 건넸고, 장환이는 즐겁게 먹는 시늉을 하며 기뻐했다. 이 짧은 놀이 안에서 나는 나의 지난 상호작용을 되돌아보게 되었다.

나는 그동안 지호의 도전적 행동에만 초점을 맞추고, "친구 때리면 안 돼."라는 단호한 말투와 표정으로 대응해 왔다. 그런데 문득, '지호가 정말 싫어서 그런 걸까? 아니면 친구와 노는 방법을 몰라서 그런 건 아닐까?'라는 생각이 들었다. 누가 갑자기 다가오면 나라도 놀랄 것이다. 지호 역시 그랬던 것은 아닐까?

교사의 말 한마디는 아이의 감정을 좌우할 수 있다. 나는 무의식적으로 지호의 신체 접촉에 과민하게 반응하며 '도전적 행동'으로 규정했지만, 이번에는 '안 돼'가 아니라 놀이를 제안했다. 그리고 지호는 나의 제안을 받아들였고, 친구에게 음식을 건네는 행동으로까지 이어졌다.

이 경험은 나에게 큰 깨달음을 주었다. 교사의 역할은 아이들의 행동을 통제하는 것이 아니라, 아이들이 세상을 따뜻하게 경험할 수 있도록 '다리'를 놓아주는 것이라는 사실이다. 그동안 나는 도전적 행동의 겉모습에만 집중했지, 그 이면의 감정과 이유를 이해하려 하지 않았다. 그러나 아이들은 '지도받아야 할 존재'가 아니라, '지원을 통해 배우고 성장하는 존재'이다.

앞으로 나는 아동학대와 같은 위기 상황에서 아이의 시선으로 바라보고, 그 감정과 배경을 이해하려 노력할 것이다. 그리고 '안 돼'라는 단호한 말보다는, '이렇게 해보는 건 어때?'라는 따뜻한 제안을 할 수 있는 교사가 되고 싶다.

교사로서의 긍정적인 감정이란, 아이들이 변화하는 순간을 함께 바라보며 기뻐하는 것이다. 지호가 장환이에게 음식을 건넸을 때, 그 작은 손짓 속에서 나는 성장의 가능성을 보았다. 아이들의 웃음 속에서 함께 웃을 수 있는 그 순간이, 교사로서 가장 큰 보람 아닐까.

　나는 오늘도 아이들과 함께 배우고, 함께 성장하는 교사가 되고 싶다.

함께한 10년, 함께할 10년!
그리고 2024년 그해 우리는!

/ 아이원

경남지역의 한 장애아전문어린이집이 아동학대 사건 이후 겪은 어려움 속에서 ABA 이론 교육 및 컨설팅에 참여한 경험을 서술하고 있습니다. 교사들은 소통 부족을 인지하고 이를 개선하려 노력했으며, 아동의 문제 행동에 대한 의문과 고민을 해결하기 위해 전문가의 도움을 받았습니다. 구체적인 이론 교육과 아동별 사례 컨설팅 과정을 통해 교사들은 아동 행동의 근본 원인을 이해하고 긍정적 행동 지원 전략을 적용하며 아이들과 함께 성장했습니다. 교육 및 컨설팅에 대한 참가자들의 긍정적인 후기와 함께, 약물 복용 관련 고민 및 2025년 계획에 대한 내용도 담겨 있습니다.

2024년 우리는 경남지역의 장애아전문어린이집 아동학대 사건으로 시 지도점검, 교차점검 등의 다양한 점검을 받고, 잠재적 범죄자의 느낌으로 위축되어 있었다. 그리고 경상남도에서 주관하고 경남육아종합지원센터에서 주최하는 찾아가는 장애아전문어린이집 지원사업에 참여하게 되었다. 그 과정에서 교사들 간에 소통이 부족했다는 것을 알게 되었다. 특히, 업무적인 이야기는 나눌 기회가 잦았지만 누가 무엇을 좋아하고 어떤 생각을 가지고 있는지 너무 모르고 지냈다는 의견들을 나누고 서로 소통하기 시작했고, 반 운영에 관한 이야기도 자연스럽게 나누게 되었다.

열심히 최선을 다해 아이들과 생활하고 있지만 끝이 나지 않는 아이들의 문제 행동에 부딪힐 때마다 '내가 잘하고 있는 건가? 이렇게 하는 것이 맞는 건가'에 대한 교사들의 의문은 계속되었고 그러던 중 학부모 자조 모임에 ABA이론 교육을 무료강의 해주시겠다는 홍준표 박사님을 알게 되었고, 우리는 이론교육을 받아보기로 했다. 2회에 걸친 교육으로 대략적인 이론은 알게 되었지만 어떻게 적

이론교육(왼쪽) & 컨설팅 교육(오른쪽)

용할지에 대한 고민, 그리고 확신이 들지 않아 현장에서 활동하고 계신 강사님께 컨설팅을 받아보기로 했다. 먼저 강사님께서 원에 방문해서 환경과 구조적인 컨설팅을 해주셨다. 두 번째로 어떤 점이 궁금한지에 대한 사전설문지를 받아서 답하는 형식으로 진행이 되었고, 마지막에는 영상을 통한 사례별 컨설팅을 받았다. 이론 교육과 컨설팅 교육의 구체적인 과정과 내용은 아래와 같다.

과정	내용	강사	대상
이론 교육	1회 : 문제행동의 진단 2회 : 치료전략	홍준표 박사(한국행동수정연구소 소장)	- 학부모 - 보육교직원 전체
컨설팅 교육	1회 : 관찰 및 환경 컨설팅 2회 : 어린이집 개별 사례를 통한 컨설팅 3회 : 영상을 통한 구체적인 행동 중재 컨설팅	강동선 박사 (꿈트리ABA행동발달연구소 소장)	- 보육교직원 전체

교육 및 컨설팅 내용

다음은 유OO(만 5세, 자폐성 장애아) 어린이의 경우 실제 컨설팅 사례이다.

문제행동
- 공격성 및 충동성(갑자기 특정 아동 공격 및 파괴적 행동 통제 어려움).
- 차량운행 시 안전벨트를 풀고, 위험한 행동 및 다른 아동 공격.

아동에 대한 이해
- 한 부모 가정으로 시설 거주, 부적절한 양육 태도로 수면 문제(핸드폰 노출).
- 가정폭력에 노출 및 불안정 애착.
- ADHD 성향 및 불안이 높은편.
- 인지 및 기능에 비해 정서적 어려움이 많음.
- 영어, 한글, 숫자 등 학습능력이 좋고 애정표현을 잘함.

개입 및 중재
- 비수반적 관심(일관성 있는 태도로 문제행동과 관심을 연결시키지 않음).
- 의료적 개입(장애진단 및 약물복용).
- 복지관 사례관리 연계.
- 부모상담 및 교육.
- 원하는 것을 먼저 들어주고, 차츰 소거시키고 기대 행동을 늘여감.
- 통제가 되지 않을 때는 시각적 자료를 활용함.
- 차량 운행 시, 교사가 1 : 1로 투입 → 이후, 혼자 등원 후, 2차 차량 출발.

변화 및 성장
- 공격성 및 충동성이 소거되지는 않았지만 기다려주면 진정 가능(시간 및 빈

도 줄어듦).
- 약물 부작용인지 최근 살이 눈에 띠게 찜.
- 차량 이동시간을 짧게 하고 혼자 탑승해서 등원 → 문제행동 없음.

컨설팅 내용
- 우리가 사례회의 하고 개입한 방법 등에는 컨설팅 내용과 큰 차이가 없었음 (잘하고 있음). 어린이집 환경적·구조적 컨설팅 부분은 교실 안에 쉴 수 있는 각자의 공간을 마련할 수는 없었지만 문제행동 시, 다른 반으로 공간 이동하거나 분리시켰을 때 진정의 효과가 있었음.(단, 강화가 되어 교실을 벗어나고 싶을 때, 공격행동을 하지 않도록 주의가 필요했음.)
- 문제행동의 완벽한 소거를 목표로 하기보다는 빈도 및 강도의 작은 변화를 목표로 행동지원했을 때, 대상 아동과 교사 모두 성공률과 성취감이 높았음.
- 결국, 생각의 차이가 행동의 변화를 이끈다는 것을 알게 됨.

이상의 교육과정을 통해 우리는 성공적인 행동지원사례를 위해서는 다음과 같은 과정을 체계화시켜야겠다는 결론을 내렸다.

이해

아동의 행동과 정서적 필요를 깊이 이해하고, 문제 행동의 근본 원인을 파악하는 과정. 우리는 아이의 문제행동에 집중하느라 아이를 충분히 이해하고 바라보지 못했던 것 같다. 자세히 마음을 다해 전문성(면접, 관찰, 평가 등)을 바탕으로 바라보고 아이의 문제 행동의 근본 원인을 파악한다면 문제의 해결점도 찾을 수 있을 것이다.

개입 및 적용

긍정적 행동 지원 전략을 적용하여 아동이 안전하고 건강한 환경에서 올바르게 성장할 수 있도록 돕는 단계. 아동에 대한 충분한 이해를 바탕으로 반별 적용을 해보았다. 이때, 중요한 것은 학부모, 치료사, 담임, 동료교사들의 충분한 의견조율과 일관성있는 태도와 신뢰였다.

성장

지원을 통해 아동이 긍정적인 변화를 경험하고, 지속적으로 발전하는 과정. 결론을 말하자면 우리는 함께 성장했다. 아이들은 조금씩 변화되었고, 우리는 그 작은 변화를 응원하고 인정하고 함께 기뻐할 수 있는 교사가 되었다. 우리가 장애를 없앨 수는 없지만 아이들의 작은 변화를 인정한다면 앞으로 우리는 더 성장할 수 있을 것이라는 확신이 생겼다.

우리의 생각 모음
- ABA 교육을 인터넷상으로 접하다가 직접 교육을 받으니 이론을 상세하게 들을 수 있어서 좋았습니다. 1회성이 아니라 체계적이고 전문적이어서 좋았음.
- 이론을 보육에 활용할 수 있는 예를 접할 수 있었고, 실무에 현실적으로 접근해 볼 수 있는 시간이어서 좋았음. 기회가 된다면 약물복용의 긍정적인

- 사례와 복용 방법의 중요성과 효과에 대해 부모님들께서도 접할 수 있는 시간을 가질 수 있다면 좋을 것 같음.
- 실제적인 경험을 바탕으로 사례를 들어줘서 전반적인 ABA를 이해하는 데 많은 도움이 되었음. 하지만 그만큼의 실제 상황에 적용하기에는 자폐 성향이 다양하고 보이는 양상이 달라 어려움이 있었음. 문제행동이라고 보면 문제행동이지만 또 다른 시각으로 보면 문제행동이 아닐 수 있기에 결정지어 성급히 문제행동으로 판단하는 것도 주의가 필요함을 느꼈고, 앞으로도 이런 교육이 있다면 개인적으로 심화 과정을 진행해 보고 싶었음.
- 내가 알지 못한 아이들의 행동, 성향 분석, 원인 등 책에서 알지 못한 다양한 아이들의 분석을 직접 설명을 들을 수 있었고 아이들의 치료를 위한 방향성을 어느 정도 잡을 수 있는 중요한 정보들도 알 수 있어서 좋았음.
- 특정 약물의 장단점이나 부작용 등을 좀 더 알 수 있으면 아이들 약물 복용 때 선생님들에게도 부모님들에게도 좋은 파드백을 줄 수 있을 거 같았고, 아이들 치료 영상이 좀 더 많아져 실무에서 직접 활용할 수 있는 정보들을 얻을 수 있었으면 좋겠음.
- 문제행동이라고 생각되는 부분을 어떻게 소거할 것인가에 생각이 집중되어 있었는데 이들의 그런 부분을 인정하고 존중하는 방법도 있다는 것을 알 수 있었음.
- 내가 제공한 환경에 무조건 맞추기를 요구하기보다 아이들이 원하는 감각자극을 안전하게 가져갈 수 있도록 환경을 제공하고 존중하는 시간을 가지려고 노력함.
- 교실 방문, 보육 현장 촬영 등 우리 어린이집의 사례로 컨설팅을 받아서 좋았음. 다만 약물복용을 하는 아동이 사례 대상이라 포커스가 약물에 관련된 내용이 많아 아쉬움이 있었음.

- 약물을 중단한 후 고집을 부리는(장소이동하지 않기, 거부행동으로 잠자기 등의 행동) 아동의 경우 솔루션대로 강화물을 어린이집에서만 사용할 수 있도록 진행 중이며 아직까지 도전적 행동이 소거되지는 않았지만 다양한 지도방법을 알게 되어 유익하였음.
- 교육을 받고 서로 이야기하면서 이런 문제들이 나만의 고민만은 아니었구나를 알게 되었고, 정답은 없다는 것을 알게 되었음.

이런 과정들을 통해 우리는 '그동안 잘하고 있었구나'에 대한 따뜻한 위로를 서로에게 건넬 수 있게 되었다. 그리고 힘들지만 해낼 수 있다는 믿음과 자신감을 아이들에게 줄 수 있게 되었다. 또, 교사들의 의견 속에서 약물복용에 관한 고민이 많음을 알게 되었고 2025년 교사 교육에 관한 계획을 할 수 있게 되었다.

우리 어린이집은 2025년 10주년을 맞이하게 된다. 유보통합과 출생률 감소 등의 이슈로 어려움이 있지만 지나온 10년을 바탕으로 앞으로 함께할 10년을 위해 우리 어린이집은 성공적인 행동지원사례를 위해 끊임없이 소통하고 전문성 향상을 위해 노력할 것이다.

선생님, 버스 타요!

/ 홍승임

어린이집 방과후반 교사가 약 10년간의 교사 경험을 바탕으로 하고 있습니다. 주로 방과후 프로그램과 활동, 특히 대중교통을 이용한 외부활동에 초점을 맞추고 있습니다. 글쓴이는 동료 교사들의 열정과 헌신을 언급하며, 아이들과 함께하는 활동의 긍정적인 면과 어려움을 솔직하게 이야기합니다. 아이들의 개별적인 특성과 그로 인해 발생하는 예상치 못한 상황들, 그리고 그 과정에서 교사가 겪는 고민과 감정이 잘 드러나 있습니다. 그럼에도 불구하고 아이들의 성장과 자립을 돕기 위한 노력과 아이들과 함께하는 기쁨을 강조합니다.

현재 재직 중인 어린이집은 2015년 7월에 입사하여 어느덧 만 10년이 되어 간다.

우리 원에서 근무하는 선생님들께서는 얼마나 열정이 가득하신지, 어떠한 일이든 힘을 합치면 뚝딱뚝딱 헤쳐 나가지 못하는 일이 없다.

아주 가끔은 '여자들이 저런 큰일을 해낼 수 있을까?' 하는 생각이 들 때도 있지만, 거사를 치르고 나면 뿌듯하기도 하고 우리 선생님들이 정말 대견스럽다는 생각이 들 때가 많다. 집에서는 다들 공주님처럼 계시다가도 일터로 출근만 하면 대단한 담력으로 똘똘 뭉친 맥가이버와 천하장사로 돌변을 한다고나 할까….

우리 원은 종일반 만 1세~만 5세 영유아 19명과, 방과후반 초등생 15명, 총 34명으로 구성되어 있다.

나는 현재 방과후반에서 근무하고 있으며, 방과후반 아동 보육은 4시간이지만 종일반 교사와 같이 아침에 출근하여 오전에는 등원 차량 동승 및 원 업무를 보고, 오후 1시 30분부터 방과후반 아동들이 등원하면 함께 국민체조를 시작으로 일과가 이루어진다.

우리 반은 요일마다 정해진 프로그램으로 다양한 활동을 하고 있으며, 모든 아동이 바쁘게 움직이는 것처럼 프로그램을 계획하고 준비하는 우리들 역시 온갖 대중매체와 다양한 정보를 찾아 열심히 준비함으로써 아동들이 앞으로 성장하여 청소년이 된 후에도 여가 활동 및 요리 활동을 즐길 수 있도록 다채로운 경험을 제공하고 있으며, 또한 자립을 기반으로 한 유익한 활동을 제공하려고 여러모로 노력하고 있다.

이렇듯 방과후반은 원내에서 이루어지는 프로그램으로 안전교육, 은행에 저금하기, 난타, 스케이트, 미술, 과학, 경제활동 등이 있으며, 월요일과 금요일에는 사회적응활동으로 대중교통을 이용해 등산 및 지역 내 각종 산하 공공기관 견학과 체험 활동인 지역 연계 활동이 이루어진다.

또한 여름방학이나 겨울방학에는 각 6주간의 특별 프로그램을 운영하여 울산을 벗어나 부산이나 경주, 대구 등 평소 거리가 멀어 체험하지 못했던 타 지역까지도 기차나 전철을 이용해 조금 더 넓은 세상으로 자유롭게 떠나기도 한다.

대부분의 아이들은 버스를 타는 활동을 너무 좋아하여 활동 전 이루어지는 체계적이고 꾸준한 사전 활동 덕분에 탑승해야 할 버스 번호를 기억하는 아이도 몇 명은 있을 정도로, 스스로 자신의 사물함에 걸려 있는 교통카드를 목에 걸고 외부활동을 나갈 준비를 할 만큼 무척이나 선호한다.

활동을 마친 후에도 자신의 교통카드나 소지품을 스스로 정리하는 아이들이 나는 너무 사랑스럽기만 하다.

그렇지만 모든 아동이 교육받은 대로 완벽하게 수행이 가능하거나 늘 컨디션이 좋은 날만 있다면 참 좋으련만, 그렇지 못한 게 우리 아이들의 특성인지라 원내에서 이루어지는 활동에는 울거나 짜증을 내거나 도저히 다른 아동들과 활동이 불가하면 잠시 격리해서 감정 조절 후 심신이 안정되면 다시 교실로 인도하여 활동을 이어 나갈 수 있지만, 외부활동 시에는 정말 난감한 일이 많이 발생한다.

외부활동 시 대부분 교사 한 명이 세 명의 아동과 함께 활동하는데, 아이들 특

성상 위험을 인지하지 못하고 도보로 이동 중 간혹 불시에 차도로 뛰어들어 팀을 이탈하는 경우가 있어 갑작스러운 순간에 팔을 세게 잡아당겨 위험한 고비를 넘길 때도 있지만, 그러한 상황에서 아동이 다치지는 않을지, 만에 하나 다치기라도 한다면 모든 게 우리 잘못으로 치부되는 건 아닐까 하는 염려가 되어 순간순간 여러 가지 생각들이 내 머릿속을 스친다.

때론 신호등이 있는 횡단보도를 건너다가 힘이 들었는지 갑자기 울면서 바닥에 드러누워 꼼짝도 하지 않아 아무리 달래고 애원해도 계속 울고만 있고, 주변을 둘러보니 우리 때문에 우회전하려는 차들이 줄줄이 정체되어 있어 내가 쓸 수 있는 온 힘을 다해 일단 안전한 인도로 옮기려 애를 써 봤지만 도저히 움직여 주질 않아 너무 난감한 상황 속에서 '혹시라도 지나가던 사람이 당시 상황만을 목격하고는 아동학대한다고 여겨 영상을 찍는 건 아닐지…' 이 또한 걱정될 때가 많다.

그래도 가끔은 지나가시던 분이 정중히 도와드려도 되는지 물어보고 도와주시는 분도 계셔서 너무 감사할 때도 있다.

그런 날에는 하원 후 항상 부모님과 상담하여 오해가 없도록 소통을 원칙으로 하여 왔기에, 우리를 믿어주시는 부모님들의 응원으로 더욱 열심히, 또 즐거운 마음으로 아이들과 함께하고 있다.

어느 때는 산책하다가 힘이 들었는지 울면서 갑자기 바닥에 주저앉으려고 하여, 바로 아이를 일으켜 세우려다 힘에 부친 나머지 주차된 승용차 옆으로 아이와 함께 넘어져서 엉덩이에 시퍼렇게 멍이 들 때도 있었지만, 요즘엔 워낙 고급차가 많아 혹시나 차에 손상을 입히게 되는 건 아닌지 하는 걱정으로 많이 당황했던 적도 있었다.

그렇다고 매일 모든 아이가 힘들고 활동하기에 어려움이 있는 건 아니다.

때론 산책할 때 자연물을 보면서 기분이 좋으면 나무, 꽃, 버스 등을 나열하며 "나비야 나비야~"라며 애창곡을 부르면 어느새 나도 함께 따라 부르며 기분 좋게 산책하기도 한다.

어떤 친구는 한 가지 주제로 서로 공감하면서 대화도 나누고, 아주 소수는 자신의 고민을 털어놓는 아이도 있어 함께 공유하는 부분도 많다.

날씨에 따라 혹은 그날의 컨디션 난조에 따라 자신이 요구한 것이 관철되지 않았을 때 바닥에 주저앉거나 울고 떼를 쓰는 아동, 버스를 타고 이동하는 활동이 아닌데도 불구하고 버스 탄다고 버스 정류소로 가자고 계속 떼를 쓰는 아동, 또는 버스를 탔는데 이동 거리가 너무 짧아서 도착지에서 내리지 않으려 하차를 거부하는 아동 등, 아동 특성에 따라 여러 가지 애로사항이 도사리고 있음을 알기에 우리 교사들은 항상 긴장하고 있다.

버스 안에서는 공공 규칙을 지켜 조용히 하고, 하차 벨도 아무 때나 누르면 안 된다는 걸 알고는 있지만, 이마저도 소리를 지르거나 빈 좌석이 없으면 어떻게든 자리에 앉고 싶어서 떼를 쓰면 다른 승객들이 시끄럽다고 눈치를 줄 때도 있어, 죄송한 마음에 그 상황을 모면하려 "울면 내려서 걸어갈 수밖에 없으니 조용히 하라"고 본의 아니게 계속 언질을 주게 되는데, 어쩌면 이런 게 정서적 학대일 수도 있겠다는 생각에 미안한 마음이 들 때도 있다.

가끔 버스를 타고 이동하다 보면 발달장애 청소년이 혼자 교통카드를 찍고 버스를 타고 목적지에 하차하는 모습을 지켜보면서, 우리 아이들도 청소년이 되면 능숙하게 대중교통을 이용하여 자립하는 데 큰 밑거름이 될 수 있기를 소망하게 된다.

아이들과 오랜 시간 함께 지내다 보니 "가까이 봐야 예쁘고, 오래 보아야 예쁘다"라는 걸 절실히 느끼게 된다.

버스 타는 걸 너무 좋아하는 아이는 버스 안에서 셀카를 찍으며 얼굴 표정도 나랑 똑같이 지어 보기도 하고, 손 하트를 만들어 같이 사진도 찍으면서 알콩달콩 버스 여행을 즐길 줄도 안다.

평소 말없이 혼자 놀이하는 걸 선호하여 옆에서 자꾸 말을 시키면 "안 돼, 안 돼"라고 이야기하면서도, 버스를 타고 싶을 때면 교통카드를 목에 걸고 "선생님! 버스 타요", "선생님! 버스 탈까?", "선생님! 버스 타요"라며 가녀린 목소리로 이야기할 때면 정말 내 가슴은 너무너무 설렌다.

이렇게 자신의 원하는 활동을 언어로 표현하고 요구하는 아이를 생각하면, 비록 힘은 들었지만 헛되진 않았다는 생각에 가슴이 뭉클하고 뿌듯하다.

2024년, 우리 아이들과 선생님들은 열심히 달렸듯이, 2025년에도 우리는 아이들과 즐겁게, 신나게, 때론 웃으며, 때론 울 때도 있겠지만 "걷고, 뛰며, 즐길 것"이다.

물과 함께한 우리의 도전, 알록달록 꽃피운 성장

/ 시립어깨동무

어린이집에서 진행하는 주간 수영 수업이 아동들에게 미치는 긍정적인 변화에 대해 이야기합니다. 수영은 단순한 신체 활동을 넘어, 아동들이 낯선 감각에 적응하고 자기 조절 능력을 향상시키는 데 도움을 줍니다. 물속에서 두려움을 극복하고 친구들과 소통하며 자신감을 키워가는 아동들의 모습은 행동 지원의 중요한 의미를 보여줍니다. 교사는 아동들이 물을 통해 정서적 안정과 행동 변화를 경험하도록 돕고, 이를 통해 아동들이 자신의 잠재력을 발견할 수 있음을 강조합니다.

물속에서 피어난 변화

금요일 아침이면 아이들은 들뜬 표정으로 나를 반긴다. 매주 돌아오는 수영 시간이지만, 그들의 기대감은 언제나 새롭다. 나는 반짝이는 눈을 바라보며 미소 짓는다. 이 작은 기대가 얼마나 큰 변화를 이끌어낼지 알기에 더없이 설렌다.

우리 어린이집에서는 아이들의 감각 조절과 자기 조절 능력을 향상시키기 위해 매주 금요일 수영 수업을 진행한다. 처음 이 프로그램을 기획했을 때, 물이 아이들에게 어떤 변화를 줄 수 있을지 궁금했다. 그리고 지금, 나는 그 답을 확신한다.

처음 물속에 들어선 아이들은 낯선 감각에 움찔했지만, 점차 긴장을 풀며 조심스럽게 손을 뻗고 발을 움직이며 새로운 환경을 탐색하기 시작했다. 수영은 단순한 놀이가 아니었다. 물의 부력은 아이들의 몸을 가볍게 떠오르게 하며 신체의 긴장을 풀어주었고, 자유로운 움직임을 통해 감각 조절 능력을 키우는 데 도움을 주었다.

물을 무서워하던 아이가 얼굴을 담그고, 움츠러들던 아이가 팔을 뻗어 보는 순간들. 그 작은 변화들은 자기 조절의 시작이자 새로운 가능성으로 향하는 첫

걸음이었다. 아이들은 자신을 탐색하며 새로운 자신감을 키워가고 있었다.
어느 날, 아이들의 말이 귓가에 들렸다.
"물 좋아. 안 무서워."
"수영 가자."
그 말들이 내 가슴을 뭉클하게 만들었다. 물은 단순한 공간이 아니라, 두려움을 극복하고 스스로를 단단히 세워 가는 장이 되고 있었다.
수영장에 들어가기 전 긴장하던 모습에서, 서로 공을 주고받으며 웃음을 짓는 아이들의 모습을 볼 때마다 나는 이 활동이 단순한 신체 활동을 넘어 긍정적인 행동 변화를 이끄는 기회임을 깨닫는다.
물속에서 피어난 작은 변화들은 단순한 순간이 아니었다. 그것은 아이들이 스스로를 믿게 되는 과정이었고, 나 또한 그들과 함께 성장하며 감사함을 느꼈다.
나는 오늘도, 그리고 내일도 그 흐름을 지켜보며 더 많은 가능성이 피어나기를 기대한다.

물속에서 찾은 용기

처음 수영장에 들어선 아이들은 낯선 감각에 움츠러들곤 했다. 특히 금나래는 새로운 환경에 대한 적응이 어려웠다. 예상치 못한 감각 자극에 쉽게 흥분하고, 차례를 기다리는 것도 힘겨워했다.
수영장 입구에서 망설이는 나래에게 나는 천천히 손을 내밀었다.
"괜찮아. 선생님이 옆에 있을게. 천천히 해도 돼."
한 걸음, 또 한 걸음. 물속으로 들어오며 나래의 작은 손이 내 손을 꼭 쥐었다. 처음엔 물장구조차 힘들어했지만, 어느 순간 발을 구르고 손을 뻗으며 앞으로 나아가기 시작했다.
한 달, 두 달이 지나자 나래는 스스로 차례를 기다릴 줄 알았고, 물속에서도 침

착함을 유지할 수 있었다. 그 변화는 자기 조절의 시작이자 새로운 가능성의 문을 여는 첫걸음이었다.

물속에서 찾은 안정

별보라는 감각 과민으로 인해 소리나 낯선 감촉에 민감하게 반응했다. 물의 차가움, 수영장에 울려 퍼지는 소리, 아이들의 웃음소리조차 보라에게는 부담이 되었다.

처음엔 물에 발을 담그는 것조차 힘들어했지만, 교사와 충분한 준비 과정을 거친 뒤 조금씩 물속으로 들어가기 시작했다. 보라에게 적응할 시간을 충분히 주며 천천히 접근했다.

물속에서 긴장이 풀린 보라는 점차 안정된 모습을 보였고, 수영 시간이 끝난 후엔 환한 미소를 지었다.

그 순간, 나는 깨달았다. 물은 단순한 놀이 공간이 아니라, 아이들에게 안정감을 주는 따뜻한 품이 될 수 있다는 사실을.

보라가 물에 떠 있는 시간이 길어지고, 소리 자극에도 점차 익숙해지며 불안을 이겨 내고 감각 자극을 받아들이는 경험은 그에게 자신감을 심어주었다. 그 자신감은 일상 속에서도 작은 변화를 이끌었다. 이제 보라는 낯선 자극 앞에서도 조금씩 여유를 가지며 스스로를 조절하는 법을 배워 가고 있다.

물속에서 찾은 연결

꽃아름은 친구들과의 상호작용에 어려움을 느끼는 아이였다. 처음엔 수영 시간에도 혼자만의 세계에 머물렀다. 하지만 물속에서 공을 주고받고, 손을 맞잡고 함께 물 위에 뜨는 활동을 하며 점차 변화하기 시작했다.

공을 잡아 나에게 건네던 작은 손길, 친구가 건넨 공을 다시 돌려주던 순간, 아

름이는 처음으로 친구들과의 연결을 경험하고 있었다.

수영이 끝난 뒤, 아름이가 나지막이 말했다.

"같이 하자."

그 한마디는 내 가슴을 뭉클하게 만들었다. 물속에서 함께 웃고, 손을 맞잡으며 서로의 존재를 느끼는 시간 속에서 아름이는 세상과 한 걸음 더 가까워지고 있었다.

물속에서 찾은 해답

아이들의 변화를 지켜보며 나는 행동 지원의 진정한 의미를 깨달았다. 물속에서 자기 조절을 배우고, 친구들과 함께하는 기쁨을 경험하며 성장해 가는 아이들의 모습은 행동 지원이 단순한 문제 해결이 아니라, 가능성을 발견하고 확장하는 과정임을 보여준다.

이 수영 프로그램은 신체적 발달을 넘어 정서적 안정과 행동의 변화를 이끌어 낸다. 물이라는 새로운 감각 환경 속에서 아이들은 자기 조절 능력을 기르고, 주변과 소통하는 방법을 익힌다.

긍정적 행동 지원은 기다림과 격려, 그리고 믿음을 통해 아이들이 자신감을 가질 수 있도록 돕는 과정이다. 중요한 것은 기술적 지원만이 아니라, 아이들이 도전할 수 있는 환경을 조성하고, 실패해도 다시 일어설 수 있도록 용기를 북돋아 주는 것이다.

수영은 이러한 도전의 장을 제공하며, 아이들이 신체적 한계를 넘어 자신의 가능성을 발견할 수 있도록 한다.

매주 금요일, 나는 아이들과 함께하는 성장의 순간들을 지켜보며 또 하나의 교훈을 얻는다. 행동 지원은 이론이나 기술이 아닌, 아이들과의 지속적인 관계 속에서 그들이 진정으로 필요로 하는 것을 찾아주는 여정이라는 사실을 말이다.

너는 왜 그럴까?

/ 박수정

선생님이 자신이 3년째 장애아전문어린이집에서 지적 장애 아동과 함께하며 경험했던 특별한 일화를 공유합니다. 이 아동은 기계에 큰 관심을 보였고, 특히 엘리베이터를 '사운드 북'처럼 좋아하며 자꾸 밖으로 나가려 했습니다. 처음에는 위험 행동으로 여겨 제지했지만, 아이의 엘리베이터 안에서의 행동을 관찰한 후 아이가 소리에 매력을 느낀다는 것을 알게 되었습니다. 선생님은 아이의 관심사를 이해하고 맞춤형 사운드 북을 제공하며 외부 사운드 북에 대한 의존도를 줄였고, 안전 교육도 병행하여 결국 아이가 더 이상 혼자 밖으로 나가지 않게 되었습니다. 이는 교사의 관점이 아닌 아이의 시선으로 세상을 바라보는 것의 중요성을 강조하는 경험이었습니다.

나는 3년째 장애아전문어린이집에서 일하고 있는 교사이다. 올해 맡은 아이들 중 한 지적 장애 아동과 있었던 일에 대해 이야기해 보고자 한다.

호기심이 많은 이 아이는 기계를 무척 좋아했다. 예를 들면 건조기 버튼 누르기, 세탁기 코드 뽑기, 청소기 관찰하기 등 다양한 방법으로 기계를 탐색하며 즐거워했다. 그러던 어느 날, 어린이집 현관 옆에 엘리베이터가 있다는 사실을 알게 된 아이는 시도 때도 없이 맨발로 현관을 나가 엘리베이터 앞에서 버튼을 눌렀다.

어린이집에서 교사 없이 아이가 혼자 밖으로 나가는 것은 상상할 수 없는 일이었다. 나는 곧바로 단호하게, 왜 나가면 안 되는지를 설명하고 또 설명했다. 하지만 아이는 걱정이 담긴 교사의 마음을 알아채고 행동을 멈췄을까? 그럴 리가 없었다. 오히려 이 아이는 온 신경을 곤두세우고 현관 소리에 집중하기 시작했다. 누군가 어린이집에 들어오면 울리는 호출 벨 소리, 문이 열리는 소리, 인사 나누는 소리를 누구보다 재빨리 감지하고는 교실 문을 박차고 나가 엘리베이터 앞으로 달려갔다.

어느 날, 아이가 현관을 나가자마자 엘리베이터 문이 마침 1층에서 열렸다. 내가 따라 나갔을 땐 이미 문이 닫히고 있었고, 그 문틈 사이로 해맑게 웃는 아이의 얼굴이 보였다. 나는 맨발로 나간 사실도 잊고 허겁지겁 계단을 뛰어올랐다. 2층에 도착하자 엘리베이터 문이 열렸고, 그 안에서 아이의 웃음소리가 메아리처럼 울려 퍼졌다. 안도의 숨을 내쉬며 긴장이 풀린 나는 무심결에 아이를 다그쳤다. 왜 내가 큰소리로 말하는지, 갑자기 자신을 끌어안는지 몰라 어리둥절해하던 아이는 엘리베이터를 가리키며 "주세요"라고 말했다.

놀란 마음이 진정되자, 도대체 이 아이는 엘리베이터에서 무엇을 하고 싶었던 걸까, 궁금해졌다. 나는 꼭 그 이유를 알고 싶었다.

아이의 손을 잡고 엘리베이터를 타자, 신이 난 아이는 모든 버튼을 누르기 시작했다. 안전한 이용법을 알려주고 싶었지만, 관찰자의 시선으로 바라보기 위해 잔소리를 꾹 참았다. 각 층에서 멈출 때마다 아이는 안내 음성을 따라 말했다. "3층입니다. 문이 열립니다." 씨익 웃는 아이의 모습을 보고, 나는 깨달았다. 이 아이는 엘리베이터를 아주 큰 사운드북으로 여겼다는 것을.

그날 이후, 나는 아이의 행동을 유심히 관찰했다. 유희실을 둘러보며 놀잇감을 찾던 아이는 사운드북으로 놀이하던 또래에게 다가가 그것을 빼앗았다. 빼앗긴 아이가 사운드북을 다시 가져가면, 이 아이는 문 근처로 이동했다. 마치 휴식하는 듯 보이지만, 문이 열리는 소리가 들리면 재빨리 일어나 엘리베이터 앞으로 향했다. 이 아이에게 사운드북은 최고의 놀잇감이었고, 손에 없을 땐 대왕 사운드북인 엘리베이터를 찾으러 모험을 떠난 것이다.

그 후 나는 아이의 요구를 알아차리고 애착 사운드북을 만들어 주었다. 만일을 대비해 유희실 문 옆과 현관 옆에도 사운드북을 비치했다. 미끄럼틀을 탈 때도, 시소를 탈 때도, 애착 사운드북을 들고 놀이하던 아이는 점차 모험을 떠나는 횟수가 눈에 띄게 줄어들었다. 아이가 지루함을 느껴 문 앞에 서서 현관 소리에

집중할 때면, 문 옆에 비치해 둔 사운드북을 제공해 바깥 소리보다 즐거운 놀이에 집중하도록 했다. 그리고 안전 교육 담당 선생님의 도움을 받아 119소방안전센터에 방문하여 엘리베이터 안에서 일어날 수 있는 안전사고를 직접 체험해 본 후 엘리베이터를 안전하게 이용하는 방법을 알아보았다.

  지금 이 아이는 혼자서 어린이집 밖으로 나가지 않는다. 엘리베이터에 혼자 타는 일 또한 없어졌다. 아이에게 엘리베이터는 안전사고를 일으킬 수 있는 위험한 기계가 아니라, 정말 단순히 사운드북일 뿐이었다. 내가 맡은 아이가 사회 속에서 안전하게 살아가기를 바라는 마음은 모든 교사에게 있다. 교사의 기준으로 세상을 가르치기보다는 한 번쯤 아이의 시선으로 세상을 바라봐 주는 건 어떤가?

인사이드 아웃(INSIDE OUT)

/ 이상아

아동의 다양한 감정 표현과 그 중요성에 대해서 이야기합니다. 특히, 감정 표현 방식의 개인차와 타인에 대한 배려가 결여된 감정 표현이 야기하는 문제에 대해 설명합니다. 또한, 특정 아동이 부적절한 감정 표현과 왜곡된 상황 인지로 인해 어려움을 겪는 사례를 상세히 제시하며, 이 아동이 요구 거부를 자신에 대한 공격으로 인식하고 불안감을 느끼는 것을 파악합니다. 마지막으로, 가정과 어린이집이 협력하여 아동의 감정 조절과 긍정적인 표현 방식을 지원하는 다양한 노력과 그 긍정적인 변화에 대해 말하고 있습니다.

아이들은 다양한 감정과 상태를 표현하며, 보호자와 교사로부터 공감을 기대한다. 표현 방식은 아이의 민감성, 주변 환경, 경험 등에 따라 다양하게 나타날 수 있으며, 감정을 느끼는 정도와 표현 방식에도 개인차가 존재한다. 개인의 감정은 존중받아야 하며, 자신만의 방식으로 표현할 수 있어야 한다. 그러나 타인에 대한 배려와 공감이 결여된 방식은 문제 상황으로 이어질 수 있다.

가정과 어린이집에서 문제가 반복되고, 또래 관계나 학급 분위기를 해치는 경우, 아이를 지도하고 양육하는 성인 역시 부정적인 감정과 생각을 가지게 된다. 이러한 감정이 해결되지 않으면 신체적·정서적 학대로 확대되어 사회적 문제로 이어질 수 있다.

우리 어린이집에는 부적절한 감정 표현과 왜곡된 상황 인지로 인해 또래 및 교사와의 상호작용에 큰 어려움을 겪고 있는 유아가 있다. 교사가 해당 유아에게 "위험해, 작게 이야기해 줄래?", "어려울 것 같아, 친구가 싫대" 등의 언어적 지도를 하면, 유아는 '소리 지르기', '때리기', '목 조르기', '반사회적 언어 사용("목 조를 거야")', '상황과 관련 없는 언어 사용("내가 먼저야")' 등으로 반응하였다. 자신의 요구가 수용되지 않을 때 분노를 조절하기 매우 어려워했고, 가정에서도 보호자와의 갈등 상황이 하루에도 수차례 반복되며 정서적 안정에 어려움을 보였다. 감정 표현과 왜곡된 상황 인지의 예시는 다음과 같다.

1. 요구 상황 : 유아의 요구를 들어줄 수 없는 상황에서 교사가 "지금은 안 돼요"라고 하자, 교사를 손으로 밀쳤다. 대화를 시도하면 "선생님이 나 싫어해"라고 상황을 해석했다.

2. 또래가 배가 아파 울고 있는 상황: 또래의 상태를 지켜보는 교사의 목을 감싸며 "○○이 괴롭히지 마"라고 말했다.

3. 교사가 또래를 훈육하는 상황: 교사의 목을 잡거나 소리를 지르며 훈육 상황을 방해했다.

유아는 성인이 자신을 통제하려 할 때 강한 거부 반응을 보였으며, 또래의 문제 상황을 왜곡하여 자신의 감정과 동일시하는 모습을 보였다. 이러한 행동은 불필요한 감정 소모와 갈등을 유발했고, 관찰과 회의 결과 유아는 자신의 요구가 거절되면 그것을 자신에 대한 공격으로 받아들여 불안해한다는 것을 알게 되었다. 그러나 그 불안은 유아 본인뿐 아니라 가정과 학급 전체에 영향을 미치고 있어 지도 방안에 대해 고민하게 되었다.

가정에는 이러한 관찰 결과를 공유하고, 진심 어린 애정 표현과 관심을 통해 정서적 지지를 당부하였다. 어린이집에서는 보호자의 지지를 기반으로 사례 회의, IEP, '우아행'(우리 아이 행복 프로젝트), 보건소 체육 프로그램, 트니트니, 등산 등의 방법을 통해 아이가 상황에 맞는 감정을 느끼고, 이를 긍정적이고 통합 가능한 방식으로 표현할 수 있도록 지원하고 있다.

현재 유아의 어려움이 완전히 해소된 것은 아니지만, 점차 상황을 수용하고 감정을 느끼고 표현하는 방법을 배우고 있다. 잘못된 점을 지적한 교사에게 "선생님, 미안해요"라고 말할 수 있고, 또래에게 놀이를 제안하거나 거절을 받아들이는 범위도 넓어지고 있다. 교사와 보호자 모두 유아의 행동과 언어 표현의 원인을 찾고 적절한 소통 방식을 모색하며, 유아를 더 깊이 이해하게 되는 소중한 기회를 갖게 되었다.

기적처럼 단번에 모든 것이 좋아지지는 않겠지만, 진심 어린 시선으로 서로의 내면을 들여다보고 단단한 믿음으로 차근차근 쌓아간다면, 교사와 아이, 부모와 아이 사이에는 행복하고 건강한 다리가 놓일 것이다.

IEP 및 치료 연계
- 실제 상황, 상황 카드, 동화책을 통한 원인 파악 및 결과 유추
- 거절 상황에 대해 이유를 안내하고, 현재 상황을 인식하게 하며 '거부당한 것'이 아님을 이해하도록 지도

'우아행' 프로그램
- 다양한 감정 및 감정 표현 방식 이해하기
- 분노 상황에서 적절한 해소 방법 선택하기
- 타인의 입장과 상황 이해하기

보건소 체육 프로그램
- 짐볼, 달리기, 장애물 넘기, 꼬리잡기 등 신체 활동을 통한 스트레스 해소
- 건강한 몸과 마음 기르기

트니트니 프로그램
- 선호하는 신체 활동 속에서 기다림, 결과 수용 등의 규칙과 자기 조절 능력 향상

등산 활동
- 바람, 새 소리 등 자연 속에서의 힐링 경험 가지기
- 신체활동을 통한 에너지 발산과 스트레스 해소하기-자연 속의 소리와 바람을 통한 힐링 경험

혼자서는 행복해요!

/ 최하연

이 글은 예기치 않은 임신으로 인해 첫 아이를 돌보는 데 어려움을 겪었던 한 엄마의 이야기를 다루고 있습니다. 엄마는 첫 아이의 발달 지연을 발견하고 죄책감을 느끼지만, 둘째 아이를 통해 첫 아이를 다시 키우겠다는 다짐을 하게 됩니다. 하지만 여전히 첫 아이는 발달이 느리고 상동 행동을 보여 장애아전문어린이집을 보내며 현실을 받아들이게 됩니다. 결국, 엄마는 첫 아이에게 너무 큰 기대를 하기보다 혼자서 살아갈 수 있도록 돕겠다는 마음으로 희망을 가지고 나아가고 있습니다.

원하지 않던 임신으로 인해 스트레스를 받아서일까? 일을 많이 해 몸을 힘들게 해서일까? 왜 우리 아이가 느리게 크는지 답답함에 몇 년을 슬퍼했다.

계획에 없던 아이가 생겨 어떻게 키워야 할지 모르는 것이 문제였던 것 같다. 태교다운 태교도 없었고, 일에만 신경 쓰고 뱃속에 있는 아이에게 신경을 쓰지 않았다. 아이가 태어나고 모성애가 생길 줄 알았던 나는, 아이가 태어나고 아이를 보자마자 아무 생각이 나지 않았다.

내가 낳은 아이인데 아무런 감정을 느끼지 못해서일까? 나는 아이 키우는 것보다 일만 하고 싶어 남편에게 일을 그만두게 하고 남편한테 육아를 전담시켰다. 남편도 처음엔 할 수 있다고 자신하기에 믿고 맡기기로 결정했다. 하지만 남편도 아빠가 처음이라 많이 힘들고 어려워 보였다. 남편은 어릴 적 상처로 인해 사람 만나고 노는 걸 안 좋아하는 성향이 있기도 해서 아이는 아빠 따라 집에서만 컸고, 성장 발달에 도움이 되는 다양한 놀이 활동을 배우지 못했다.

그렇게 시간이 흘러 세 돌이 되었을 때, 혼자만 노는 아이가 눈에 보이기 시작했다. 그때서야 나는 일반 어린이집을 알아보고 보내기 시작했는데, 그 어린이집 원장님께서 또래 아이와 어울려 놀지 않고 구석에 혼자 놀려고 한다며 또래 아이보다 조금 느린 것 같다는 소리를 들었다.

그냥 정말 조금 느린가 보다 하며 지내 왔는데, 어린이집 원장님께서 아이를 불러도 반응이 없다며 청력 검사를 권유하였다. 그때 '아, 뭔가 잘못되었구나' 느껴서 바로 언어치료센터 상담을 갔는데, 또래 아이보다 20개월 이상 지연되었다고 하여 곧바로 언어 치료를 시작하기로 했다.

'발달 치료센터 다니다 보면 금방 좋아지겠지, 좋아질 거야'라고 다짐했는데 1년, 2년이 흘러도 우리 아이는 제자리걸음뿐, 나아가 외식 또는 외출을 마음 편하게 하지 못했다. 알 수 없는 외래어와 비명 소리만 점점 더 커져 마음이 심란하고 힘들었다.

그러다 아이에게 동생이 있다면 어떨까? 우리 아이한테 좋지 않을까? 생각했다. 우리 아이가 좋아질 수만 있다면 뭐든지 해 보고 싶었다. 그래서 둘째를 갖게 되었고 예쁜 둘째 아이를 만나게 되었다. 너무 예쁘고 사랑스럽게 다가와, 첫째인 아이도 그렇게 예쁘고 귀엽고 사랑스럽게 저에게 찾아왔을 텐데 예뻐해 주지 못했던 미안함과 안쓰러움이 한꺼번에 몰려와 너무나 슬퍼 한참을 울었.

특히나 둘째를 소개하는데, 동생을 보면서 웃고만 있어서 좋아서인지 싫어서인지 제가 알 수가 없어 순간 좌절감이 몰려왔다.

그러면서 나는 둘째만큼은 발달이 늦은 아이로 키우지 않겠다고 다짐했다.

'그래! 첫째도 둘째와 함께 처음부터 다시 키우는 거야.' 다짐하며 일을 그만두고 둘째와 같이 발달에 맞게 놀아주고 다양한 것들을 경험할 수 있도록 해 주며 지낸 지 1년 반, 둘째는 또래 아이와 비슷하게 행동도 하며 말도 제법 하는데, 첫째는 아주 조금씩 느리고 천천히 성장하는 것이다.

그래도 나는 그만큼이라도 성장했다는 생각에 희망이 보여 행복했다. 하지만 갑자기 이해할 수 없는 상동 행동과 나쁜 행동들이 많이 나타나 장애아전문어린이집을 찾았고, "내가 노력한다고 해서 아이가 정상적으로 클 수 없겠구나." 그

 제서야 현실을 깨닫고 첫째 아이에게 기대와 희망을 가졌던 것들을 조금씩 내려놓게 되었다.

 어느덧 둘째가 말을 하고 일반적으로 성장하는 것을 보면서 나도 모르게 첫째보다 둘째에게 애정을 더 쏟고 있는 걸 깨달았다. 나는 또 한 번 느꼈다. '포기하지 말자. 정상적으로 크진 못하지만 사람들과 어울리며 살아갈 수 있도록 좀 더 신경을 쓰고 도움을 주다 보면 혼자서 할 수 있는 날이 오겠지.' 굳게 믿고 다짐을 했다.

 우리 아이가 느리지만 분명 엄마, 아빠가 더 사랑하고 함께하고 있으니, 함께 노력하여 힘들고 험한 세상으로 한 발자국 더 나아가는 그날을 위해 최선을 다해 보자! 분명 힘들고 슬픈 일도 있겠지만, 더 단단하게 앞으로 나아가 희망찬 내일을 만들고자 오늘도 어린이집과 치료실을 향해 행복한 발걸음을 내디뎌 본다.

그럼에도 불구하고 한결같은 마음으로

/ 정민희

어린이집 교사가 아동학대 문제의 중요성을 인식하고, 정서적 불안정으로 인해 공격적인 행동을 보이는 원생과의 경험 사례를 공유하는 내용입니다. 교사는 아이의 가정 환경 변화와 이전 경험이 행동에 미치는 영향을 파악하고, 아이의 감정에 공감하고 따뜻한 신뢰 관계를 형성하는 적극적인 개입을 시도합니다. 이를 통해 아이의 긍정적인 변화를 이끌어내고, 교사로서의 성장과 보람을 느끼며 유사한 어려움을 겪는 동료 교사들에게 희망을 전합니다.

"아동학대"라는 단어는 언제 들어도 불편하기 짝이 없다. 그렇지만 어린이집에서 아이들과 함께 지내는 시간이 많은 우리로서는 그 단어와 뗄레야 뗄 수 없는 관계임은 틀림없다. 간혹 뉴스에서 아동학대와 관련된 뉴스가 들려오면 마음이 아프고 일할 의욕이 뚝 떨어지기도 하지만, 그런 일은 수많은 사명감을 가지고 정말 최선을 다한 선생님 중 극히 일부일 뿐이지, 정말 최선을 다하고 있는 선생님들이 더 많을 것임을 믿고 있다. 우리도 그런 선생님들 중 한 명일 것임을 확신하고 다짐하면서 겪어온 사례에 대해 공유해 보고자 한다.

3월이 되어 처음 아이를 우리 반으로 맞이하기 전에 아이의 전 담임선생님은 아이가 잠투정이 심하고, 물건을 집어 던지고, 상대방에게 신체적 피해(물기, 뜯기, 할퀴기 등)를 주는 모습이 있기 때문에 각별한 주의가 필요하다고 전달해 주었다. 그래서 처음 아이를 만나기 전까지는 긴장감을 늦출 수 없었다. 하지만 아이를 처음 만났을 때 아이의 모습에서는 전해 들었던 공격적인 모습은 잘 보이지 않았다. 다른 아이들과 같이 노래와 춤추며 놀이하는 것을 좋아하고, 맛있는 음식을 좋아하고, 교사와 함께하는 시간을 즐거워하는 아이의 모습뿐이었다.

그런데 1학기가 다 지날 때쯤, 아이의 어머니에게 한 통의 전화가 걸려왔다.

어머니가 더 이상 아이를 양육하지 않게 되는 상황이 되었음을 알려주는 전화였다. 당장 내일부터 아이의 친이모가 등·하원 외 모든 부분에서 양육을 도맡게 되었다는 것을 통보받게 된 것이다. 이러한 내용을 전달받았을 당시에 너무 당황스러웠고, 순간 아이의 가정환경에 대해 걱정이 되기 시작하였다. 그전에도 가정에서 수면 패턴, 섭식, 주 양육자와의 유대 관계가 불안정하였으며, 이러한 부분들로 인해 잠을 깨지 못한 채 등원한다거나, 잠자느라 일과에 잘 참여하지 못한다거나, 갑자기 교실 밖으로 뛰쳐나가 현관문으로 달려간다거나, 하원 시 데리러 온 엄마를 거부하는 모습 등을 자주 보였기 때문이다.

아이의 주거지가 바뀌고 주 양육자가 이모로 바뀐 후부터는 아이가 자주 공격적인 행동을 보였고, 시간이 갈수록 점차적으로 심해지기 시작했다. 반을 함께 이끌고 있는 한 분의 담임선생님에게 유독 집착을 하며 선생님이 밖을 나가면 불안해하거나 함께 따라나가려고 하는 모습을 보였다. 더불어 주변 또래들과 선생님들을 물어뜯거나 할퀴고, 자신의 행동이 받아들여지지 않거나 교사가 아이의 행동을 제지하였을 때에는 주변의 물건 또는 의자, 책상 등을 던지거나 쓰러뜨리는 과격한 행동을 보여주기도 하였다.

그럴 때마다 어떻게 대처해야 할지 몰라 너무 힘들었다. 그러한 상황이 계속 반복될수록 감정적으로 답답한 마음에 한숨이 나오며 힘들기도 하고, 교사로서 자책감과 좌절감을 느끼기도 하였다. 하지만 시간이 지나면서 아이의 행동을 객관적으로 바라보려 노력하였고, 그 결과 아이의 공격적인 행동 뒤에는 불안이나 스트레스, 혹은 의사소통의 어려움이 있다는 것을 깨닫게 되었다. 그래서 아이의 가정환경 또는 양육자가 변하게 된 환경적 요인에만 중점을 두기보다는, 지금 현재 이 아이에게 집중하고 또 아이에게 필요한 것이 무엇인지 고민하는 것이 우선이라고 판단하였다.

우선, 공동 담임선생님들과 하루 일과 속에서 아이의 행동 패턴을 꼼꼼히 분

석하여 공유하였다. 또한 담임선생님은 현재의 주 양육자인 이모와 하루도 빠짐없이 전화 상담을 하며 아이의 하루 일과와 지내온 모습을 알려드렸다. 이모와의 지속적인 대화를 통해 아이가 가정에서 지내는 모습을 더 자세히 알 수 있었다.

  더불어 아이가 지금 현재 겪고 있는 감정이나 정서적인 부분에 더욱 집중하며, 아이가 공격적인 행동을 하였을 때 그 행동을 무조건 제지하지 않고 아이를 다독이며 아이의 감정을 공감해 주려 노력하였다. 무엇보다 선생님이 감정적으로 대응하지 않도록 감정을 추스르며 차분히 다가가려 했다. 예를 들어, 아이가 공격적인 행동을 보이면 아이와 마주 보고 앉아 눈을 마주치고 차분한 목소리로 "무슨 일이야? 어디 불편하게 있니?" 등의 질문을 하며 손을 잡아주거나 안아주는 등 신체적 접촉을 통해 아이의 행동을 다그치려는 것이 아니라는 것을 알려주었다. 처음에는 아이가 선생님의 의도를 파악하지 못하여 손톱으로 할퀴고 꼬집고 발버둥 쳤지만, 선생님이 끊임없이 따뜻한 신뢰를 보여주며 아이의 격앙된 감정을 다독여주는 모습을 보여주자, 아이가 조금씩 선생님의 의중을 이해한 것처럼 차분해지는 모습을 볼 수 있었다.

아이가 조금씩 변화되어 가는 모습을 보며 선생님들은 그간의 노력에 보상이라도 받는 것처럼 너무나 기쁘고 큰 보람을 느낄 수 있었다. 처음에는 전혀 라포 형성도 되지 않던 아이가 점차적으로 공격적인 행동도 줄어들고, 주변을 좀 더 넓게 바라보며 스스로 하고 싶은 것을 표현하기 시작했으며, 정서적으로도 점점 안정감을 찾아가게 되었다.

이러한 값진 경험을 통해 선생님들도 한층 성장함을 느낄 수 있었다. 장애 유아의 부적응 행동에 대해 행동 자체만을 판단하여 행동적인 부분만 지원하려 했던 것에서 나아가, 아이가 지금 현재 겪고 있는 정서와 감정을 이해하려 노력하고, 아이의 어려움에 공감해 주며 인내심 있게 기다려주는 역할을 하는 선생님이 되어야겠다고 다짐하였다. 특히, 아이에게 긍정적이고 따뜻한 언어적·비언어적 상호작용과 더불어 진심을 다하는 마음을 전달하여 확고한 신뢰를 형성하는 것이 무엇보다 중요함을 느꼈다.

장애 영유아 보육이라는 결코 쉽지 않은 길을 선택하며 어려운 점들은 여전히 많다. 그렇지만 인내와 꾸준한 노력으로 하나씩 하나씩 극복하다 보면 좀 더 성장한 나를 만날 수 있을 것이라 기대한다. 그뿐 아니라 우리와 같은 상황에서 어려움을 겪고 있는 선생님들도 모두 힘내고, 본 사례를 통해 조금이나마 도움이 되었으면 하는 바람이다.

할머니와 손주 아이

/ 김정아

지적 장애를 가진 할머니와 손주 아이의 관계 변화에 대한 내용을 담고 있습니다. 처음 만났을 때 할머니는 손주에게 거칠게 대했고, 아이는 불안정한 모습을 보였습니다. 교사는 아이의 위생 문제와 할머니와의 소통 어려움을 겪었지만, 지속적인 관심과 지원, 그리고 사회 복지 연계를 통해 변화를 이끌어냈습니다. 시간이 흐르면서 할머니는 손주에게 따뜻하게 대하기 시작했고, 아이도 밝고 행복한 모습을 보이며 긍정적인 관계 발전을 보여줍니다.

    내가 아이와 할머니를 처음 대면했을 때는 어린이집 하원 차량에서 내려줄 때였다. 차량 문이 열리자마자 깜짝 놀랐다. 할머니께서 아이를 보자마자 퉁명스럽고 화난 표정으로 "야, 새끼야! 빨리 내려!" 하시며 손을 잡고 인사도 없이 유유히 사라지는 모습이었다.

    할머니가 지적장애이시고 아이를 험하게 대한다고 들었지만, 직면한 모습을 보니 처음 본 교사에게조차 눈길 한 번 주지 않고 인사에 응하지 않은 채 아이에게 무조건 소리치는 모습에, 아이 또한 고개를 숙이고 축 처진 모습으로 하원하던 모습이 첫인상이었다.

    나는 아이를 몇 년이 지나 같은 반에서 다시 만나게 되었다. 나는 오랜 교사 생활 동안 다양한 상처를 가진 부모님들과 아이들을 만나 봐 왔지만, 아이가 팬티에 대변을 묻히고 오거나 바지에 대변을 보는 경우가 있어, 할머니께 위생에 신경 써 달라고 요구하기가 쉽지 않았다.

    아이가 처음 입소했을 때부터 정보를 모으기 시작하자, 아이는 경계선 정도 되는 지적장애를 가진 할머니가 양육하였고, 아버지는 무직으로 다른 지역에 거주하며, 어머니는 이혼하여 셋째만 데리고 다른 지역에 살고 있으면서 연락두절인 상태라고 알고 있다.

처음 어린이집에 입소했을 당시, 아이는 잘 걷지 못하고 불안한 모습에 기저귀를 착용하고 있었으며, 할머니의 거친 말투는 교사들을 놀라게 하였다. 하지만 다른 여자 손주가 2명이 더 있었고, 그 아이들에게는 말투가 정말 따뜻한 이중적인 모습을 볼 수 있었다.

우리 어린이집에 온 아이는 미운 오리처럼 일반적인 아이가 아니고 남자아이라는 이유만으로 차별 아닌 차별을 받으며, 할머니 말씀 속에서도 느낄 수 있을 정도로 막 대하는 모습이었다.

그 와중에 우리 아이에 대해 할머니의 따뜻한 보살핌과 사랑을 기대하기는 어려웠다. 특히 위생 상태에서 기저귀에 대변을 보며 바들바들 떨고 울먹이는 표정은 나를 무척이나 마음 아프게 만들었다.

아이의 기저귀를 교체해 주고 씻겨 주며, 대변을 봐도 괜찮다고 다정하게 말해 주자, 아이는 대변을 본 후 다행히 겁에 질린 표정이 점차 사라지며 정말 다정하게 옆으로 다가오는 아이가 되었다. 그렇지만 할머니만 보면 주눅 드는 모습을 볼 수 있었다.

어느 날은 아이가 집 근처 길거리에서 할머니에게 심하게 혼나기도 한다는 제보를 듣고, 할머니께 전화를 걸어 아동학대로 신고해야 한다며 그러시면 안 된다는 것을 말씀드리고 타이르도록 권유하였다. 하지만 할머니께서는 교사에게 화를 내시고 욕설을 하시며, 어린이집을 보내지 않겠다는 말을 무기로 삼아 전화를 끊기 일쑤였다.

할머니와의 소통이 전혀 이뤄지지 않을 경우, 타지역에 살고 있는 아이의 고모께 전화를 걸어, 할머니께 손주를 조금 따뜻하게 보살펴 주시라고 조언을 해 달라고 요청드리면, 그나마 딸인 고모 말씀은 잘 듣는 편이라 고모와 대화한 후에는 교사들의 눈치를 살피며 간접적으로 화해를 타진하신 경우가 수차례 있었다.

　그리하여 할머니와 아이를 함께 지도해 나가기로 하고, 지속적인 관심과 위생적인 문제를 놓고 소통하며, 지역사회 드림스타트, 사회복지 돌봄 연계 등 다양한 기관의 손길을 통해 언어 순환과 따뜻한 보살핌이 이뤄질 수 있도록 지도하였다.
　할머니와 아이를 위해 내가 할 수 있고, 어린이집에서 할 수 있는 부분을 최대한 찾아보며 아이가 스스로 화장실을 이용할 수 있도록, 언어적으로 표현하기 어려우면 비언어적으로도 화장실에 가고 싶은지 긍정과 부정에 대해 표현하도록 반복적으로 지도하였다.

바지에 대변을 보았을 경우, 할머니와 의논하기 어려운 상황이 많아 어린이집에서 해결할 수 있는 부분은 여벌 옷 준비와 빨래까지 해결해 가며, 할머니와 아이가 서로 소통할 수 있도록 하였다.

손자를 위해 애쓰는 할머니와 끊임없이 소통하며, 할머니께서 나쁜 마음으로 그러시는 것이 아니라 아이와 소통을 어떻게 해야 할지 모르기 때문에, 아이가 말을 해도 알아듣지 못하고, 말을 할 줄 모르는 아이인 만큼 뜻대로 행동하는 것이 못마땅하여 '말을 해도 못 듣는다'고 생각하며 큰소리부터 치고 호통을 치는 것 같았다. 그래서 천천히 아이에게 따뜻하게 말씀하시고, 아이가 할 수 있도록 가르쳐 주시라고, 활동 도우미와 연계하여 가정에서 가사 일을 지원하며 아이 양육에 힘쓰실 수 있도록 하였다.

이토록 지속적인 관심과 지원으로 저희도 할머니께서 재래시장 통에서 온갖 고된 일들을 하며 언어가 거칠어질 수밖에 없었음을 이해하게 되었고, 현재는 할머니도 교사들을 만나면 따뜻한 말로 먹을 것 하나라도 챙겨 주시려고 하시며 "수고한다, 우리 손주 때문에 고생이 많으시제"라고 말씀해 주신다.

아이도 등원하면 바지를 체크하지 않고도 아이에게 물어만 봐도 웃으면서 동그라미나 엑스 표시를 손으로 하거나 간단한 단어 표현으로 의사소통을 할 수 있어 뿌듯함을 느낀다.

할머니는 긍정적으로 나름대로 사랑하는 방법을 알게 되시고, 아이에게 부드러운 모습으로 다정다감하게 "언능 내려와, 가자~"로 변화되었고, 아이도 밝고 행복한 모습이 되어 오랜 시간이 걸리기는 했지만, 할머니와 아이가 이제는 따뜻하고 포근한 가정으로 거듭나 행복하게 보내고 있어 그저 감사할 뿐이다.

잊지 마,
넌 혼자가 아니야!

/ 안혜진

국공립 장애아전문어린이집 치료사로서의 경험을 바탕으로 작성된 이 글은 아동 학대에 대한 인식을 갖게 된 계기와 실제 다문화 가정 아동에게 교육적 방임 사례를 접하고 아동의 발달을 돕기 위해 노력한 과정을 담고 있습니다. 특히 언어적, 신체적 발달을 위한 구체적인 치료 및 교육 방법과 함께 교사, 치료사, 원장, 부모의 협력을 통한 개별화 교육 계획(IEP)의 중요성을 강조합니다. 또한 그룹 치료를 통한 사회성 향상과 월말 사례 회의를 통해 아동에게 최적의 지도 방법을 모색하는 과정을 설명하며, 아동의 성장과 앞으로의 기대를 표현하고 있습니다.

나는 국공립 장애아전문어린이집에서 3년째 치료사로 근무하고 있다. 어린이집에서 일하기 전에는 아동학대에 대해 관심조차 없었다. 뉴스나 매스컴에서 관련 보도를 보아도 무심코 지나치기 일쑤였다. 하지만 어린이집에서 근무하게 되면서 아동학대에 대한 교육을 꾸준히 듣고, 기관 내 교사 교육이 이뤄지는 모습을 보며 '이 문제는 결코 가볍게 넘길 수 없겠구나'라는 생각이 들었다.

아동학대는 뉴스에 등장하는 극단적인 사례만을 의미하지 않는다. 우리가 일상에서 무심코 지나치는 장면들, 신체적인 폭력뿐만 아니라 정신적 학대, 방임과 방조까지 모두 아동학대에 포함된다는 사실을 알고 나니, 생각보다 사례가 많다는 것을 실감하게 되었고, 그 경험을 나누고자 이 글을 쓴다.

내가 겪은 사례는 바로, 내가 직접 아이와 함께하며 느낀 경험에서 비롯된 것이다.

현재 내가 근무하는 어린이집에는 다문화 가정의 아이들이 다수 있다. 이 때문에 학부모님과의 소통에 어려움을 느낄 때가 많다. 내 직책이 치료사이다 보니 수업 내용을 키즈노트 알림장에 정리해 올리곤 하는데, 어떤 학부모님은 한 학기 내내, 혹은 1년 가까이 열람하지 않는 경우도 있다. 그래서 상담 시에는 반드시 "수업 내용과 사진을 올려두었으니 시간 되실 때 꼭 확인해 주세요."라고 말씀드린다.

오늘 이야기의 주인공은 어머님이 베트남 분이신 다문화 가정의 이아영 아동이다. 아버지의 무관심과 한국어 소통이 어려운 어머님 사이에서 아동은 어린이집에 처음 왔을 때 스스로 할 수 있는 것이 거의 없었다. 부모님이 모든 것을 먹여주고 입혀주다 보니 자조 기술을 시도조차 하지 못한 채 어린이집에 등원한 상태였다.

당시 아동의 나이는 여섯 살이었다. 아무리 장애 아동이라도 모든 것을 대신해 주는 양육 방식은 교육적 방임일 수 있겠다는 생각이 들었다. 물론 부모님은 사랑과 보호의 의미였겠지만, 우리는 아이가 학교로, 사회로 나아갈 준비를 할 수 있도록 기회를 제공해야 하는 사람들이다. 그 출발점은 어른들의 적극적인 개입에서 비롯된다고 생각했다.

우선 담임교사와 상의하여 어머님께 한글 공부의 필요성을 전달했다. 언어 소통이 어려우니 아동과 관련한 중요한 대화를 나누기도 쉽지 않았기 때문이다. 그렇게 며칠 지나지 않아 어머님이 한글 학원에 다니기 시작하셨다는 소식을 들었다. 생각보다 빠른 반응에 놀랐고, 어머님이 소통을 위해 노력하는 모습이 느껴졌다.

아동은 저작이 어려워 가정에서는 국물에 밥을 말아 식사했고, 어머님이 매번 먹여주었다. 학교에 입학하기 전, 기본적인 자조 기술을 습득할 수 있도록 어린이집에서 연습을 시작했다.

언어치료 시간에는 얼굴 마사지와 구강 자극을 통해 삼킴 반사를 촉진시키고, 저작 근육의 긴장도를 높이며 저작 연습을 병행했다. 젤리를 거즈에 싸서 연습하는 방식이었는데, 처음에는 거부했지만 반복하며 점점 익숙해졌고, 치료사의

손길을 따라 반응하기 시작했다.

　작업치료 시간에는 숟가락을 바르게 잡고 콩을 떠서 컵에 옮기는 연습을 했으며, 에디슨 젓가락을 활용해 벌리고 오므리는 동작도 시도해 보았다. 아동의 시선이 잘 따라오지 않아 포인팅을 활용해 시선을 유도했고, 치료실뿐 아니라 교실에서도 식사 시간에 스스로 식사할 수 있도록 꾸준히 지도했다. 그 결과, 시도조차 하지 않던 아이가 숟가락을 들고 입에 음식을 넣는 변화가 나타났다. 치료실과 교실에서의 통합적인 지도가 시너지 효과를 낸 결과라 생각한다.

　이 외에도 아이는 신발 신기, 바지 올리고 내리기, 퍼즐 맞추기 등 다양한 영역에서 발전을 보였다. 물론 이 모든 변화는 단번에 일어난 것이 아니다. 아동에게 적합한 학습 목표를 설정하고, 그에 따라 반복 연습한 결과이다.

치료사, 담임교사, 원장님이 함께 개별화 교육 프로그램(IEP)을 논의하고, 학부모 상담을 통해 부모님의 니즈와 교육 방향을 공유하며 함께 만든 결과라고 생각한다.

우리 치료사는 총 2명이며, 한 달에 한 번 반별 그룹 치료를 실시한다. 친구들과 함께 참여하며 상호작용을 배우고, 다양한 의사소통 방식을 익히며 사회성도 자연스럽게 향상된다. 이 과정 속에서 사례 속 아동이 활짝 웃던 얼굴이 아직도 기억에 남는다. 수업에 점점 더 적극적으로 참여하는 모습도 인상 깊었다.

또한, 우리는 매월 말 원장님과 교사, 치료사가 함께 모여 사례 회의를 진행한다. 아동이 겪는 어려움과 지도 방향, 개선 결과 등을 공유하며 교육적 방법을 함께 고민한다.

이아영 아동은 이번 학기를 끝으로 졸업한다. 아직 부족한 점도 있지만, 학교라는 더 넓은 울타리 속에서 많은 것을 배우고 성장하길 바란다. 처음 입학했을 때와 비교해 놀라울 정도로 성장한 모습을 보면, 뿌듯함과 동시에 믿고 따라준 아이가 대견하기도 하다. 앞으로도 어린이집 친구들이 각자의 능력을 충분히 발휘할 수 있도록, 적절한 교육 목표와 방법, 서비스를 설계하고 저 또한 함께 성장할 수 있도록 노력하겠다.

그럼에도 나는
아이들과 함께할 때
행복한 교사입니다

/ 임효지

장애아전문어린이집 교사로서의 경험을 통해 얻은 깨달음을 공유하고 있습니다. 필자는 장애 아동과 함께 성장하며 큰 행복과 성취감을 느끼지만, 아동의 텐트럼이나 편식 지도 과정에서 아동학대로 오해받는 상황에 어려움을 겪었음을 토로합니다. 이러한 오해를 방지하고 아이들을 효과적으로 지도하기 위해서는 아동의 특성을 깊이 이해하고 존중하는 태도가 중요함을 강조하며, 아이의 감정을 살피고 강압적인 방식 대신 안정적이고 자율적인 환경을 제공해야 함을 이야기합니다. 또한, 너무 많은 것을 가르치려는 욕심보다는 아동의 속도에 맞춰 지도하는 것의 중요성을 역설하며, 교사의 핵심 역할이 아동의 안전과 감정을 보호하며 긍정적인 성장을 돕는 것임을 다시 한번 확인합니다.

나는 유치원 교사에서 장애아전문어린이집 교사로 이직한 후, 장애 아이들과 함께 지내며 많은 성장을 경험했다. 아이들이 성장하는 모습을 지켜보는 것은 무척 기쁘고 성취감을 주었지만, 아이의 행동을 지원하고 지도하는 과정에서 아동학대에 대한 오해를 받을 때마다 난처해지곤 한다.

장애아전문어린이집에서 일하면서 가장 큰 도전은 바로 아이들이 자신의 감정을 조절하지 못해 나타나는 '텐트럼(떼쓰기 행동)'을 다루는 일이었다. 어린이집 안에서 아이가 크게 울거나 바닥에 누워서 극단적인 반응을 보일 때, 그 소리가 밖으로 새어 나가면 지나가는 행인들이 민원을 넣기도 하는데, 한 번은 아이가 심한 텐트럼을 일으켰을 때 어린이집이 떠나갈 듯한 울음소리가 들려 지나가던 행인이 "아이를 학대하는 것 아니냐"고 의심을 표하기도 했다. 그때의 나는 어떻게 반응해야 할지 몰라 당황스러웠고, 아동학대와 관련된 오해를 받는 것이 너무

나도 두려웠다. 또, 현장학습을 갔을 때의 상황도 아동학대 오해를 사기도 했다. 아이가 환경 변화에 민감해할 때 학습 장소에서 심한 울음을 터뜨리거나 바닥에 누워서 반응하는 경우가 많다. 그런 상황에서 외부인의 시선이나 지나가는 사람들의 불편한 시선이 눈에 띄었다. 이러한 상황에서 내가 아이를 어떻게 다루는지에 따라 아동학대와 관련된 오해를 불러일으킬 수 있기에 매우 신경을 쓸 수밖에 없다.

또한, 장애 아이를 지도하면서 가끔은 아이의 편식 문제나 예민한 행동에 대해 지도할 때도 아동학대에 대한 우려가 생기곤 한다. 아이가 음식을 편식하거나 예민하게 반응할 때 이를 지도하는 과정에서 부정적인 이미지로 비춰질까 걱정되는 순간도 많다. 이럴 때 나는 항상 아이의 감정을 고려하며, 편식이 단순한 거부감이 아닌 감각적 특성에서 비롯된 것임을 이해하고 그에 맞는 교육적 접근을 하려 한다.

이렇게 곤란한 상황에서 중요한 점은 아이의 감정을 이해하고 존중하는 동시에, 외부에서 볼 때 불필요한 오해를 방지하기 위한 조치가 필요하다. 단순히 감정적 반응만으로 대응하지 않고 아이가 왜 그런 반응을 보였는지 정확히 파악하는 것이 제일 중요할 것이다.

예를 들어, 아이가 일상적인 변화나 환경적 요인에 스트레스를 받아 텐트럼을 일으킬 수 있다는 점을 고려하여 아이가 스트레스를 덜 받도록 환경을 안정시키는 것이 중요하며, 텐트럼을 진정시킬 수 있는 공간을 마련해 주려고 한다. 또, 아이가 음식을 거부할 때 강압적인 방법으로 대처하는 것이 아니라, 아이가 음식을 거부하는 상황에서 더 이상 부정적인 감정을 느끼지 않도록 하고, 안전한 환경에서 자율적으로 음식을 섭취할 수 있도록 도우며, 이 과정에서 가장 중요한 점은 강압적이지 않고 아이의 특성을 존중하는 태도를 유지하는 것이 중요할 것이다.

마지막으로, 아이를 지도하는 과정에서 너무 많은 것을 가르쳐야 한다는 부담이 생기기도 했다. 아이가 지치지 않도록 더 많은 정보를 제공하고 싶고, 가능한 한 많은 기술을 가르쳐 주고 싶다는 욕심이 있다. 그러나 이러한 욕심이 과도해지면 아이에게 스트레스를 줄 수 있고, 그로 인해 오히려 부정적인 영향을 미칠 수 있다는 점을 인식하게 되고 이를 해결하기 위해서는 유아의 속도에 맞춰 차근차근 지도하는 것이 무엇보다 중요하다는 것을 깨달았다.

장애 유아와 함께 일하는 것은 많은 도전과 어려움을 동반하지만, 그들이 성장하는 모습을 보는 것은 큰 보람과 기쁨을 준다. 텐트럼을 다루거나 외부에서 아동학대 오해를 받을 수 있는 상황을 예방하려면 아동의 특성을 이해하고 존중하는 태도가 가장 중요하다. 또한, 교사는 아동학대 예방을 위해 유아의 안전과 감정을 보호하며 그들의 성장과 학습을 위한 적절한 지도 방안을 제시해야 한다. 이를 통해 아이가 긍정적으로 성장할 수 있도록 돕는 것이 교사의 핵심 역할임을 잊지 말아야겠다.

서로 공감하는
행복한 치료사가 되기 위하여

/ 박경숙

어린이집 언어 치료사의 경험을 바탕으로 쓰여졌습니다. 필자는 아이들을 웃게 해주는 치료사가 되기를 꿈꿨지만, 실제로는 부모님들의 불신과 오해로 인해 어려움을 겪으며 자신의 웃음과 보람을 잃어가는 과정을 이야기합니다. 특히 아동 학대에 대한 예민한 시선 속에서 이유 없는 의심을 받을 때 죄인이 된 듯한 기분을 느끼고, 이러한 상황들이 쌓여 힘겹게 버텨내고 있다고 토로합니다. 그럼에도 불구하고 자신을 믿고 다가와 주는 아이들 덕분에 힘을 내어 다시 행복한 치료사가 되기 위해 노력하고 있다는 내용을 담고 있습니다.

처음 어린이집 입사 면접 때 "어떤 치료사가 되고 싶어요?"라는 질문에, 망설이지 않고 "아이들을 웃게 하는 치료사가 되고 싶습니다!"라고 당차게 대답했다.

어릴 때부터 아이들을 너무 좋아했던 저로서는 아이들과 함께하는 시간이 너무 소중했고, 비록 힘들 때도 있었지만 아이들을 웃게 하는 교사가 되고 싶다는 처음의 그 마음은 변하지 않았다.

그러나 아이들과 함께한 지난 시간 동안, 아이들의 웃음을 지키기 위해 노력한 것과는 달리 정작 제 자신은 거짓 웃음을 지으며 점점 웃음과 보람을 잃어가고 있는 모습을 발견했다.

언어치료를 하며 초어를 하는 아이, 단어를 표현한 아이, 문장 표현을 하는 아이들로 조금씩 향상될 때 큰 감동과 보람을 느끼는 제 모습을 순간순간 발견하며 뿌듯함을 느낀다. 하지만 시간이 지나면서 부모님들을 만나고 상담하는 것이 무척이나 힘겹게 다가왔다. 부모님들이 교사들을 신뢰하고 아이들을 치료하도록 하면, 믿고 격려와 신뢰로 함께해야 하는데 그렇게 하지 않는 부모님들이 꼭 한두 명 있게 되면서 저를 움츠리게 하고, 시선과 말씀으로 상처로 다가오는 것이 힘겹게 다가와 나눠볼까 한다.

　최근 아동학대와 관련하여 부모님들이 아주 많이 예민하고 민감해지는 것은 사실이다. 하지만 자녀를 보육기관에 맡길 때는 믿고 서로 아이가 성장해 가는 데 도움이 될 수 있도록 서로가 협력해 간다면 좋겠지만, 그러하지 않기 때문에 어디서 생겼는지는 모르지만 어떤 상처가 있을 때 치료 시간에 상처가 일어난 것이 아님에도 불구하고 의심의 눈초리를 받아야 하고, 순간 저는 죄인 아닌 죄인이 되고 마는 것이 안타깝게 다가오기도 한다.

　얼마 전 있었던 일이다.

　학기 초에 치료사가 바뀌었다는 말에 "왜 벌써 바뀌는지?"라고 화를 내며 불만을 표현하던 아이의 어머니는, 담임과 치료사가 바뀌는 이유를 설명하고 양해를 부탁드린다는 교사들의 설명에 불만스럽지만 이해하신다고 하시면서도, 저는 불안한 출발로 치료를 시작하게 되었다.

　어머니는 아동의 한마디 한마디에 어떤 확인도 하지 않고 아동의 간단한 이야기만 듣고 담임 선생님께 자주 전화해서 "수업시간이 무섭다고 했어요", "수업시간에 얼굴을 찡그렸다고 하네요"라는 등의 불만을 표현하셨고, 담당 치료를 맡고 있는 저와는 어떠한 대화도 원하지 않고 담임 선생님과만 소통하며, 어린이집에서 마주쳐도 냉랭한 얼굴을 하며 외면하셨다.

　담임 선생님과 상의 후, 전화로 상황 설명을 하기보다는 곧 있을 부모상담 시간에 얼굴을 보고 이야기하며 오해를 푸는 것이 좋겠다고 판단했고, 기다리던 부모상담 시간이 되었다.

　긴장 가득한 얼굴로 부모상담 시간에 들어갔는데, 어머니는 다른 선생님들과는 시종일관 웃으며 화기애애하게 대화를 이끌어 갔지만, 제가 어떤 대화를 시도했을 때는 갑자기 정색하는 듯한 얼굴로 짧고 단답형 대답만 하는 모습을 보이시는 등 온몸으로 불만을 표현하고 계셨다.

　부모상담 속에서 나는 투명인간이 된 듯한 상황이 연출되었고, 결국 대화를 포기하고 치료사 교체를 요구하여 치료사가 교체되었다. 언제나 그렇듯, 더 이상의 설명이나 설득보다는 유야무야 상황을 넘기는 쪽을 선택한 것이다.

　아동은 지금도 나를 보면 다가와 손을 잡고 미소 지으며 안기거나, 작은 입으로 조잘거리며 사랑스러운 모습을 보인다. 그 모습에 안아주고, 미소 짓고 있는 나의 가슴 한구석이 아파온다.

　아동은 수업 중 있었던 일부분을 전달하려고 했을 뿐인데, 상황은 들어보시지도 않고 불신 가득한 모습으로 대응하는 어머님의 모습에 나의 모습을 돌아보며 적절히 대응하지 못한 스스로를 자책하게 되었고, 수업 시간의 나의 모습을 세심하게 점검하는 계기가 되었다.

수없이 많은 일화들 중의 하나이지만, 이런 상황들이 쌓여갈 때마다 죄인이 되어 웃음을 잃어가는 나의 모습을 발견하게 된다.

'교사가 행복해야 아동들이 행복하다'라고 구호처럼 외치고 있지만, 나는 점점 웃음과 생기를 잃어가고 있고, 어쩌면 그냥 버티고 있는 것은 아닐까? 라는 생각을 지울 수 없다.

아이들과의 수업 시간에 조금씩 최선을 포기하고 의무감으로 임하고 있는 나의 모습을 발견하게 된다.

의사소통이 잘되지 않는 아동들을 지도하며 "말 못 하니까 혹시…"라는 의심의 눈초리는 일상이 된 것 같다. 그래서 부모님들과 더 많은 소통을 하려고 노력하지만, '소통'에도 공감이 되어야 하지 않을까?

우리가 '공감'하려고 노력하는 것처럼, 부모님들도 주위의 시선을 '공감'하려고 노력해야 하는데, 점점 일방적인 방향의 공감만 요구되는 모습에 지쳐가고 움츠러들어 웃음을 잃어가는 나를 발견하지만, 작은 손으로 저를 잡아주고 저에게 다가와 웃어주는 아이들이 있기에 위로받고 힘을 내어 일상을 시작하고 마치는 순간들이 된다.

교사가 행복해야, 저와 맞잡은 그 작은 손을 내민 아이들도 행복하다는 것을 알기에, 그 작은 손을 잡으며 더욱더 행복한 교사로, 많이 웃음 짓는 교사로 거듭나기 위해, 부모님들께서 믿어 주시든 믿지 않으시든, 오늘도 아이들과 함께 마음을 새롭게 가다듬으며 밝은 아이들의 모습처럼 저도 웃음을 보내며 힘차게 전진한다.

교학상장(敎學相長), 부모 교육을 통해 함께 배우고 자란 시간

/ 빈효정

언어치료사가 부모를 대상으로 한 언어 지도 교육 경험을 공유합니다. 강연자는 이론적인 설명만으로는 실제 적용에 한계가 있음을 깨닫고, 부모가 직접 상황극을 통해 언어 지도 방법을 시연하고 연습하는 방식을 교육에 도입했습니다. 시연을 통해 부모들은 자신도 모르게 했던 부적절한 언어 자극 제공 방식을 인지하고 개선할 수 있었습니다. 이러한 실제적인 참여와 피드백 과정을 통해 부모와 강연자 모두 함께 배우고 성장하는 시간이 되었다고 이야기합니다.

 4월의 어느 따뜻한 봄날, '가정에서의 언어지도 방법'을 주제로 부모교육을 진행하게 되었다. 오랜만에 부모님들과 언어지도에 대해 이야기할 수 있다는 생각에 마음이 설레었고, 동시에 이 시간을 어떻게 하면 더욱 의미 있게 채울 수 있을까 하는 작은 긴장감도 함께 찾아왔다.
 시중에 나와 있는 부모교육 서적과 이론을 검토하며 자료를 준비했지만, 이론이 실제로 부모님들에게 얼마나 와닿을 수 있을지에 대한 고민은 계속되었다. 일정이 다가올수록 나는 이론보다 실천 가능한, 일상에 적용할 수 있는 방법을 전달하는 것이 더 중요하다는 점을 절감하게 되었다.
 그러던 중 한 예능 프로그램에서 갈등 상황을 역할극으로 해결하는 장면을 보게 되었고, '백 번 설명하는 것보다 직접 해보는 것이 더 도움이 되겠다'는 확신이 들었다. 이에 따라 부모님들이 실제 상황을 시연해 보며 배울 수 있는 형식을 선택하게 되었다.
 사례로는 '젤리를 주세요'라는 표현을 유도하는 장면을 선택했다. 언어치료사가 먼저 시범을 보이고, 부모님이 직접 시연해 보도록 요청드렸다. 한 어머님께서 쑥스러워하시면서도 적극적으로 참여하셨고, "젤리 주세요."라고 천천히 정

확하게 모델링을 제시하셨다. 하지만 아이의 반응을 기다리지 못하고 반복적으로 자극을 주셨고, 제가 코칭을 드리자 "몰랐어요. 다시 해볼게요."라고 밝게 응답하셨다.

　이후 여러 부모님이 참여하셨고, 언어 자극은 잘 제시하지만 발화를 기다리지 못하거나, 강화물을 즉각 제공하지 않는 등의 다양한 개선 포인트들이 보였다. 부모님들께서 시연을 통해 '거울 치료'처럼 자신의 모습을 돌아보고 깊이 몰입해 진심으로 참여해 주신 점이 인상 깊었다.

　이 시간을 통해 나는 단순히 언어 표현 방법만이 아니라, 아이의 행동을 긍정적인 방향으로 이끄는 실천들이 얼마나 중요한지를 다시금 느꼈다. 아이가 바른 언어를 사용할 때 즉시 반응해 주는 작은 실천은 긍정적인 언어 습관 형성에 큰 영향을 미친다.

부모님들의 열정과 진심이 담긴 참여를 통해 저도 다시 한번 많은 것을 배우게 되었다. 나는 부모교육이라는 밭에 작은 거름을 뿌렸고, 그 거름이 계절을 지나 아이들이 튼튼한 나무로 자라나는 데 도움이 되기를 바란다. 앞으로도 아이들이 더 건강하게 뿌리를 내릴 수 있도록, 더 나은 지도 방법을 고민하는 언어치료사가 되겠다. 언젠가 그들이 건강한 말과 마음으로 세상을 향해 뻗어나가기를 희망하며 이 글을 마친다.

경민이가 가르쳐주는 것들

/ 이현수

이 글은 경민이 아버지 이현수 씨가 작성한 특별 기고문입니다.
그는 둘째 아들 경민이를 향한 남다른 애정과 함께, 첫째 아들에게는 엄격했던 자신을 반성합니다.
특히 경민이의 발달을 염려하며 과잉 보호했던 지난날과 아이와 함께하는 시간 대신 스마트폰에
의존했던 모습을 솔직하게 이야기합니다. 일반 어린이집에서 어려움을 겪은 경민이가
장애아전문어린이집으로 옮긴 후 전문적인 선생님들의 도움으로
눈부신 성장을 이루었음에 깊은 감사와 감동을 표현합니다.

경민이를 바라보면 첫째 때와 다른 몽실몽실한 사랑이 피어오른다. 괜히 안아주고 싶고, 뽀뽀하고 싶고, 꽉 껴안아 주고 싶은 마음이 생겨난다. 누가 보기에도 통실통실 귀여운 아이가 아닐까 생각한다. 지금의 모습이 남들과 달라 더욱 신경 쓰는 건 아닌가 돌이켜 생각해 보곤 하지만, 이유야 어쨌든 사랑의 마음은 현실이고 사실이니 문제가 되지 않았다.

때론 첫째 경철이에게 미안하기도 하다. 항상 엄한 잣대로 바라보고, 설명이라는 이유로 장황한 설교를 할 때가 많았다. 첫째 경철이의 희생으로 둘째 경민이를 더욱 이유 없이 사랑하는 마음이 생겼는데도 말이다.

처음 어린이집에 갈 때도 시간에 쫓긴다는 핑계로 안아서 등원시켜 주고, 비가 와서 안아주고, 바람이 많이 불어서 안아주는 등 항상 안아서 등원시켰던 것 같다. 아장아장 불편한 걸음으로 걸으며 배웠어야 하는 걸음마, 신체 중에 가장 큰 근육인 허벅지 근육이 자라는 걸 빼앗고 있었다. 쿵쿵 디디며 느껴야 할 자극을 아빠의 핑크빛 사랑으로 안겨만 있어도 되도록 알려주고 말았다.

늘 아빠를 향해 팔만 뻗으면 번쩍 안아주는 능동형 아빠가 되어 경민이의 자

극을 빼앗아 발달을 지연시키고 있었다.

아직 어려서 아빠가 하는 말을 못 알아들을 것이라 생각하여 운전석과 상당히 먼 차량 뒷자리에 앉아서 가도록 하며 말을 시키지 않고, 말을 들려주지 않고, 그저 심심한 차 타기를 경험시켜 주었다. 때론 함께 타는 형이 보듯 심심해할 거라는 아빠의 간편한 생각으로 전화기를 편히 가지고 놀게 하면서 긴 시간을 방치하듯 하였다.

사랑하는 자녀인데 '방치'라는 표현이 어울리지 않지만, 우리가 자녀를 키우면서 지내온 시간을 돌아보면 '방치'라는 말이 적절한 표현이다.

아이들의 식사를 위해 방치하고, 설거지, 청소, 빨래를 위해 방치하며 "이거 보고 있어"라며 자연스럽게 전화기를 곁에 두었다. 전화기를 보고 있을 때는 잠든 아기를 보는 것 마냥 신경 쓰지 않아도 괜찮고, 긴 시간이 확보된 것처럼 맘 편하게 할 일을 할 수 있어서 너무도 쉽게 선택하게 된 것 같다.

그렇게 아이와 가져야 할 시간을 전화기에 양도해 놓고, 이제 와서 아이를 찾으려고 하니 좀처럼 내어주지 않는다. 몸은 우리 곁에 와서 살을 비비고 있어도, 마음은 여전히 전화기와 함께 지내고 있는 것이다.

지금에 와서는 너무나도 많은 시간을 함께 보낸 전화기를 멀리 떠나보내지 못해 함께 상생하는 모습으로 변화하려 노력하지만, 그 긴 시간이 좀처럼 좁혀들지 않는 현실 앞에 지난날을 반성한다.

그럼에도 불구하고 감사한 것은 경민이를 돕는 손길들이 있다는 사실과, 부족한 부모보다 더 큰 애정으로 가르쳐 주시는 선생님들이 계시다는 것이다.

일반 어린이집에 다닐 때 "말이 좀 늦는 아이야"라고 스스로 생각하며, 나아질 것을 막연히 기다리기만 하였다. 친구들과 어울리지 못하고, 선생님의 가르침을 이해하지 못하여 늘 혼자서 방황하기만 한 것이다.

아내의 결단으로 '장애아전문어린이집'을 알게 되고 옮기게 되면서, '기다림'

이 아닌 '기대감'으로 바뀌게 되었다.

　전문적인 지식으로 아이들의 상태를 파악하시고, 어떻게 교육할지, 필요한 자극이 무엇인지 꼼꼼히 설계하시고 하나하나 실행하시며 아이들을 대해 주시는 것을 보며 감사하지 않을 수가 없었다.

　부모의 사랑으로도 덮지 못하는 답답함이 있는데도, 늘 이해해 주시며 기다려 주시고, 반복적으로 가르쳐 주시는 모습을 보며 사랑의 크기가 다름을 깨닫게 되었다.

　무엇 하나 쉬운 것이 없겠지만, 그러나 자기의 생각과 상태를 알려주지 못하는 아이를 대하는 것만큼 어려운 일이 또 있을까?

이유가 무엇인지, 어떤 계기가 있었는지 도무지 알 수 없는 아이의 행동을 이해해 주며 달래고, 올바른 행동을 하도록 가르쳐 주기를 반복하시며 사랑으로 안아주시는 선생님들이야말로 어려운 일을 굳건히 해내시는 위인들이 아닌가 생각한다. 그로 인하여 경민이는 많이 성장하게 되었다.

친구들과 어울리기도 하며 글자를 배우고 글자로 놀이를 하고, 연필을 힘겹게 쥐고 자기 이름 석 자 '이경민'을 삐뚤빼뚤 써 내려가고, 힘이 들어가지 않는 얼굴 근육을 움직여 글자를 소리 내어 읽기도 한다. 최근에는 등원하는 중 휠체어를 타고 가는 친구를 도와주기도 하였다는 말에는 큰 감동을 받기도 하였다.

"우리 경민이는 잘 자라고 있구나. 좋은 환경에서 좋은 선생님들을 만나 잘 배우고 있구나. 기다림이 아니라 경민이가 성장해 가는 모습을 기대하며 바라보게 되었구나."

친구들과 함께하는 교실에서의 생활이 경민이에게 어떤 자극을 더해 줄까, 선생님과 함께 걷는 길에 나 있는 풀들이 어떤 추억을 남겨줄까 등 일상적 생활이 좋은 자극으로 다가와 경민이를 간지럽혀 주는 것 같다. 경민이의 행복한 웃음소리를 들으며, 걱정이 변하여 설렘 가득한 미래를 기대해 본다.

관심사에 대해 아빠와 대화하는 주안이, 학교에서의 문제들, 함께할 취미생활 등 어떤 모습이라도 함께 나누며 함께할 경민이를 기대하며 글을 마친다.

숲 활동을 통한
행동 지원 사례 탐구 보고서

/ 우영희

이 탐구 보고서는 '숲에서 놀자'라는 명칭의 역통합 프로그램에 대한 내용을 담고 있습니다. 이 프로그램은 장애 및 비장애 유아들이 자연 속에서 교류하며 신체, 정서, 사회성 발달을 돕는 것을 목표로 합니다. 봄, 여름, 가을, 겨울 각 계절에 맞춰 숲 산책, 물놀이, 열매 탐색 등의 다양한 활동을 진행하며, 특히 언어 발달 지연 아동의 사례를 통해 프로그램의 효과를 보여줍니다. 계절별 활동 내용과 함께, 불안감을 느끼던 아동이 점차 숲 환경과 또래와의 상호작용에 적응해가는 과정을 자세히 기술하고 있습니다.

이름 : 유○○ (여) / 생년월일 : 만 6세 / 장애 유형 : 언어발달지연

아동 특성
- 일상생활 속 익숙한 상황에서의 지시 따르기가 가능하다.
- 선생님과의 애착 관계가 잘 형성되어 있다.
- 자신의 욕구와 감정을 표현할 때 발을 동동 구르거나 아~하고 소리 지른다.
- 새로운 장소와 주변에 나는 낯선 소리에 불안함을 느낀다.
- 자신이 싫어하는 불안 요소를 접했을 때 감정조절을 어려워한다(소리 지르기, 울기).

활동명 : 역통합 프로그램 '우리는 친구, 숲에서 놀자'

활동 개요

장애 유아와 비장애 유아가 자연 속에서 함께 어울리며, 신체·정서·사회적으로 긍정적인 효과를 얻기 위한 숲 산책 역통합 프로그램이다.

활동의 필요성

- 교사는 장애 영유아를 존중하며, 그들의 특성에 맞춰 자율적인 놀이를 지원

하고 배움을 촉진한다.
- 비장애 유아와 함께하며 서로의 차이를 이해하고 존중하며, 협력과 소통을 통해 함께 성장하는 경험을 제공한다.

지원 목표
- 대근육 및 소근육의 신체 발달을 돕는다.
- 자연과 교감하며 감수성과 공감 능력을 향상시킨다.
- 자연의 아름다움을 감상하며 정서적 평온함과 안정감을 가진다.
- 비장애 아동과 함께하는 협동 놀이를 통해 의사소통과 사회관계 발달을 돕는다.
- 협동 놀이를 통해 비장애 아동과의 유대관계를 형성할 수 있는 기회를 제공한다.

실시 기간 : 2024년 4월~12월(연 4회 진행)

활동 내용

계절	부재	놀이 제목	활동내용
봄	아이 따숲	봄나물 탐색	봄의 숲에는 어떤 식물들이 자랄까? 봄나물을 탐색해본다.
여름	아이 덥숲	함께하는 물놀이	비장애 영유아와 함께 물놀이를 즐기며 소통의 기회를 가진다.
가을	아이 찬숲	열매 탐험대	밤줍기 놀이를 통해 가을열매에 관심을 가진다.
겨울	아이 춥숲	겨울의 숲	겨울의 숲은 어떤 모습일까? 겨울 숲을 산책하며 탐색한다.

행동지원 사례

봄—아이 따숲
　버스의 엔진 소리에 귀를 막거나 소리를 지르며 불편함을 표현하였다. 평소 좋아하던 애착 이불을 제공하고 교사와의 스킨십으로 안정감을 도왔다. 숲에 도착한 후에도 교사 옆에 머물며 탐색을 하였고, 비장애 아동이 다가오면 몸을 피하거나 소리로 경계 반응을 보였다. 교사는 자연스럽게 주변 환경에 대해 이야기하며 아이가 적응할 수 있도록 도왔다.
　"○○아~ 나무가 엄~~청 크네. 선생님 키보다 더 커", "○○이가 너무 예뻐서 친구들이 관심이 많은가봐. 안녕~하고 손 흔들어볼까?"
　봄에 볼 수 있는 봄나물 탐색도 해보고 친구들과 함께 숲 길을 따라 걸어보며 숲놀이를 즐겼다. 교사는 날씨, 바람, 나무, 숲 소리 등 탐색의 기회를 제공해 주며 ○○이가 자연과 교감하는 시간을 가질 수 있도록 도와주었다.

여름—아이 덥숲
　여름 숲에 가기 전에 사전활동으로 지난봄 숲에서 놀았던 사진을 보며 봄 숲에 대한 이야기를 들려주거나 숲에서 만났던 비장애아동 이름을 말해보며 숲에서의 추억을 회상해 보았다.
　여름 숲에서는 ○○이가 좋아하는 물놀이를 비장애아동들과 함께 하였는데 비장애아동과 상호작용할 수 있는 기회를 제공하며 유대관계를 형성할 수 있도록 도와주었고 친구 손잡기, 친구와 물풍선 주고받기 등 교사가 언어지원과 신체지원을 함께 해주며 협동 놀이를 경험할 수 있도록 기회를 제공해 주었다.
　여름 숲을 산책하며 여름 숲에서 볼 수 있는 블루베리 수확도 함께 해보고 수확한 블루베리를 친구 입에 넣어주며 나눠 먹는 시간도 가져보았다.

가을—아이 찬숲

00이는 반복적으로 경험하면 거부감이 조금이 사라지기 때문에 가을 숲에 가지 전에 봄, 여름 숲 놀이 사진을 보고 숲 놀이 추억을 이야기로 들려주며 사전 활동을 진행하였고, 역통합프로그램을 함께 진행하는 어린이집이 가까워서 사전에 동네 놀이터에서 만나 가을 액자 꾸미기 놀이도 함께 해보았다.

처음 버스를 탈 때 불안해하던 모습이 차차 사라져 애착 이불을 제공하면 어려움 없이 버스를 타고 숲으로 이동한다.

가을 숲에서는 친구들과 함께 밤 줍기를 해보았고 숲에 누워 가을 하늘 관찰하기도 하였다. 자연의 아름다움을 감상하며 정서적으로 평온함과 안정감을 가질 수 있도록 하였다.

겨울— 아이 춥숲

가을 숲에 갔을 때 숲길 및 숲 놀이 장면을 동영상으로 촬영해 왔다. 여름, 가을에는 사진 자료로 사전활동을 진행했는데 겨울 숲에 가지 전에는 미디어 자료를 이용해 사전활동을 진행하였다. 미디어 자료는 유아들의 흥미를 이끌 수 있는 좋은 교수자료라 OO이도 숲 영상을 보며 지난 숲 놀이에 집중하는 모습을 볼 수 있었다.

겨울 숲에서는 주로 숲길을 산책하며 겨울 숲을 탐색해보았고, 숲 놀이터에서 친구들과 신체놀이 기구를 이용하였다. 교사가 손을 잡아 주지 않아도 비장애아동과 나란히 서서 숲 길을 따라 산책할 수 있다.

소그룹 놀이 활동이 발달지연 유아의 사회적 상호작용 및 어휘력 향상에 미치는 효과

/ 김선아, 박세영, 배정인, 최나라

이 논문은 발달 지연 유아를 대상으로 소그룹 놀이 활동이 그들의 사회적 상호작용과 어휘력에 미치는 영향을 연구합니다. 연구자들은 6명의 유아를 대상으로 10회기에 걸쳐 다양한 놀이 활동 프로그램을 진행하고, 그 전후로 포테이지 아동 발달 체크리스트를 사용하여 변화를 측정했습니다. 연구 결과, 참여 아동들의 사회성 영역과 언어 영역 모두에서 향상된 결과가 나타났으며, 이는 담임 교사의 관찰 보고에서도 확인되었습니다. 특히, 아동들이 친구의 존재를 인지하고 규칙을 지키며 상호작용하려는 시도가 늘어나는 변화가 관찰되었습니다.

I. 연구의 의의 및 목적

아동에게 있어 놀이는 주요 생활이며 활동이고 자신의 세상을 확장시키는 수단이다. 아동은 놀이를 통하여 환경과 상호작용을 하며, 의사소통 기술을 익히고, 더 나아가 사회적 역할관계를 경험하게 된다(Arbesman & Lieberman, 2010; 최지현, 2018, 재인용).

아동의 첫 상호작용은 양육자에 의해 이루어지고 점차 성장함에 따라 또래와의 상호작용이 중요해지며 이것은 친구와 관계를 맺을 때 긍정적인 기초가 된다. 적절한 상호작용은 아동이 배워야 할 다양한 사회적 기술을 연습할 기회를 제공한다(Kohler & Strain, 1993; 박미래, 2021, 재인용).

그러나 발달지연 유아는 조절 능력, 운동계획 및 협응의 저하가 빈번하게 나타나며 이러한 점은 아동의 일상생활과 학습, 사회성을 성공적으로 습득하는 것을 방해한다(Ayres, 1972; 박미래, 2021, 재인용). 또한, 자신의 신체를 인지하는 움직임이 서툴러서 다른 아동들과의 놀이에서 어려움을 보이며 사회성 발달에 부정적 영향을 미치게 된다.

그룹 치료는 개별 치료와는 달리 발달지연 유아가 타인과의 관계 형성을 익혀 적절하고 효율적인 사회적 참여를 하는데 도움이 되며, 의사소통 및 상호작용의 경험을 제공하여 타인과의 유대감을 느낄 수 있는 경험을 하게 된다. 이러한 경험을 통하여 발달지연 유아는 또래와의 사회기술 증진뿐 아니라 사회성 이외의 목표 달성에도 긍정적인 영향을 받게 된다(Cole, 2005; 박미래, 2021, 재인용). 이에 본 연구는 소그룹 놀이 활동이 발달지연 유아의 사회적 상호작용 및 어휘력 향상에 미치는 효과를 알아보고자 한다.

II. 연구방법

1. 연구대상

연구 대상은 본 어린이집에서 재원하고 있는 발달지연 유아 6명을 연구대상으로 선정하였으며, 그 내용은 다음과 같다.

		A	B	C	D	E	F
성별		여	남	남	남	남	여
생활연령		6세 7개월	6세 6개월	6세 10개월	7세 3개월	6세	7세
포테이지	사회성영역	3세 3개월	2세 9개월	2세	3세	3세 3개월	4세 1개월
	언어영역	3세 2개월	4세 2개월	1세 4개월	1세 1개월	2세 1개월	3세 2개월

1) A아동

생활연령 6세 7개월 여아로 포테이지아동발달 체크리스트 결과 사회성영역에서 3세 3개월로 나타났으며 아동은 타인의 도움을 기다리지 못 하고 또래 친구의 행동을 모방하지만 집단활동에서 자신의 순서와 규칙을 지키는데 어려움을 보였다. 또한, 언어영역은 3세 2개월로 사물의 명칭을 명명할 수 있지만 동사를 조합하여 2어문 문장으로 표현하지 못하며 타인의 질문에 적절하게 대답하는데 어려움을 보였다.

2) B아동

생활연령 6세 6개월 남아로 포테이지아동발달 체크리스트 결과 사회성 영역에서 2세 9개월로 자신의 환경을 적극적으로 탐색하며 2어문 이상으로 질문할 수 있었으나 또래 친구 관계에서 차례지키기가 되지 않는 등 타인 인식과 대인관계에 어려움을 보였다. 또한 언어영역은 4세 2개월로 2가지 지시를 이해하여 수행할 수 있으며 자신의 요구를 3어문 이상으로 표현할 수 있었지만 치료사의 지시에 따라 기다림에 어려움을 보였다.

3) C아동

생활연령 6세 10개월 남아로 포테이지아동발달 체크리스트 결과 사회성 영역에서 2세로 나타났으며 이는 또래 아동에게 전혀 관심을 보이지 않았으며 순서와 규칙 지키는 것에 어려움을 보였다. 또한, 언어영역은 1세 4개월로 이름을 말해줄 때 친숙한 물건들을 가리킬 수 있고 단어로 발화할 수 있지만 2어문의 문장을 만들어서 발화하는 것에 어려움을 보였다.

4) D아동

생활연령 7세 3개월 남아로 포테이지아동발달 체크리스트결과 사회성 영역에서 3세로 나타났으며 자신의 이름에 대한 호명 반응이 나타나지만 짝꿍놀이를 모방하거나 또래 아동들과 함께 놀기, 다른 아동들에게 물건이나 음식 나누기가 잘 되지 않고 순서와 규칙 지키는 것에 어려움을 보였다. 또한, 언어영역은 1세 1개월로 다른 사람의 말에 대한 반응으로 소리를 낼 수 있으나 타인의 음성, 억양 모방하기, 음성 크기 조절하기, 입모양 모방하여 소리내는 것에 어려움을 보였다.

5) E아동

생활연령 6세 남아로 포테이지아동발달 체크리스트 결과 사회성 영역에서 3세 3개월로 집단 놀이에서 규칙을 인지하기는 가능하나 규칙지키기와 차례지키기에 어려움을 보였다. 또한 언어영역은 2세 1개월로 자신의 요구사항을 타인이 알 수 있도록 몸짓과 말을 사용하여 요구할 수 있었지만 2가지 지시를 이해하지 못하며 비구어적, 구어적으로 거부 표현에 어려움을 보였다.

6) F아동

생활연령 7세 여아로 포테이지아동발달 체크리스트결과 사회성영역에서 4세 1개월로 또래 아동들과 함께 놀기보다는 혼자서 놀이하기를 좋아하며 집단활동 시 자신의 순서를 기다리는데 어려움을 보였다. 또한 언어영역은 3세 2개월로 자신의 요구사항을 2어문 문장으로 조합하여 표현할 수 있으나 타인의 질문에 적절하게 대답하거나 타인에게 질문을 하지 않는다.

2. 소그룹 놀이활동 프로그램

소그룹 놀이활동은 60분을 1회기로 총 10회기를 실시하였는데, 그 구체적인 내용은 다음과 같다.

	주제	내용
1회기	자기 소개하기	• 활동지를 활용한 눈, 코, 입 등 자기 얼굴을 꾸민 후, 친구가 지목하는 순으로 자기소개를 하며 서로의 그림을 보고 해당 친구 찾아보기
2회기	우리 집 소개하기	• 여러 가지 재료를 사용하여 자신의 원하는 집을 완성한 후, 친구들에게 우리 집 소개하기
3회기	나의 가족 소개하기	• 2회기 활동에 이어 집을 세부적으로(커튼, 티비 등) 더 꾸민 후, 설압자 및 옷 활동지를 활용하여 자신의 가족 구성원을 만들고 완성한 집에 붙이며 가족 소개하기
4회기	우리 동네 꾸미기	• 친구들과 동네에 어떤 가게가 있는지, 우리 집에서 가게로 가는 길을 연결하는 방법에 대해 이야기해보며 우리 동네 지도 완성하기 • 각 가게마다 무엇을 파는지 이야기 해보기
5회기	동네가게 역할놀이	• 4회기 수업 활동에 이어 가게마다 어떤 물건을 파는지 되짚어 본 후, 이어 친구들과 서로 직접 가게 사장님과 손님이 되어 역할 놀이하며 상호작용하기
6회기	신체놀이 (눈사람이어보기)	• 다양한 눈사람 도안 중 친구가 고른 눈사람을 보고 순서를 지키며 친구 신체에 하나씩 만들어 꾸며주기 • 활동 후, '멋진 눈사람' 노래를 들으며 신체부위 명명 및 위치 익히기
7회기	친구 모습 퍼즐 맞추기, 애벌레 게임	• 친구의 모습으로 만든 퍼즐을 거울판 위에 붙이고 해당 친구의 이름을 불러 하이파이브하며 상호작용하기 • 종이로 애벌레를 만들어 눈, 코, 입을 꾸며준 후, 빨대를 이용한 불기로 친구와 함께 애벌레 멀리 보내는 게임하기
8회기	신체 놀이 (미라 놀이)	• 신체조절 활동을 수행하기 위해 신체 부위 카드를 골라 친구의 해당 신체 부위를 찾고, 그 부위에 휴지를 감싸 미라가 되어보기 • 이를 통해 자신과 친구의 신체(팔, 다리, 몸통) 익히며 이에 대한 이야기 나누어보기 • 유희실에 설치된 테이프 거미줄을 확인하고 매트 위에 두 줄씩 나란히 앉아 순서를 지킨 후, 신체를 조절하며 테이프 거미줄 통과하기
9회기	인간 크리스마스트리 꾸미기	• 폼폼이, 스티커 등 다양한 재료를 활용하여 종이컵에 붙여 자신만의 오너먼트를 만든 후, 트리 옷을 입은 친구에게 자기가 만든 오너먼트를 골라 친구의 트리에 걸어주기
10회기	메달 및 선물 주고받기	• 그룹치료를 마무리하면서 프로그램에 열심히 참여하였던 친구를 칭찬하며 활동 되돌아보기 • 친구에게 제공할 메달을 만든 후 활동하였던 사진을 함께 보며 이야기를 나눠 보고 열심히 참여한 친구를 지목하여 메달과 선물 건네주기

3. 연구기간

2024년 10월 1일부터 12월 13일까지 총 10회기로 나누어 연구를 진행하였다.

4. 평가도구

본 연구 대상유아의 사회적 상호작용과 어휘력의 전후를 비교하기 위해 포테이지아동발달체크리스트를 사용하여 평가하였다. 포테이지아동발달체크리스트는 신변처리, 운동성, 사회성, 인지, 언어 총 다섯 항목으로 구성되어 있으며, 0~6세 아동을 대상으로 한다.

Ⅲ. 연구결과

소그룹 놀이활동이 발달지연 유아의 사회적 상호작용과 어휘력 향상에 미치는 효과를 알아본 결과는 다음 [표 Ⅲ-1]과 같다.

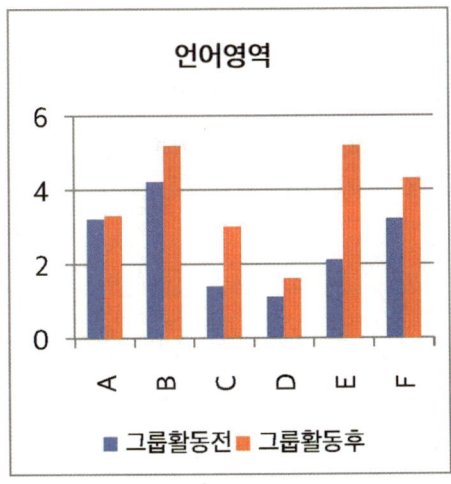 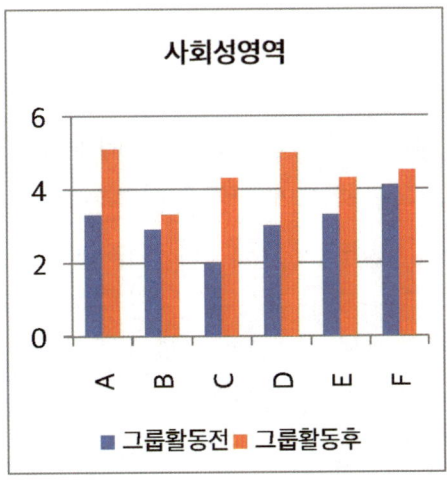

[표 Ⅲ-1] 연구결과

1) A아동

개인 사정으로 인해 그룹 활동 참여율이 저조한 아동이었지만, 프로그램 활동을 마치고 포테이지 아동 발달 체크리스트 결과, 사회성 영역은 5세 1개월, 언어 영역은 3세 3개월로 나타났고, 이는 사회성 영역에서 눈에 띄게 향상된 결과를 보여주었다. 교실에서도 친구들이 노는 모습에 관심을 보이고 놀이를 모방한다고 한다. 아직 교사의 권유 없이 친구에게 다가가 놀지는 않지만, 우는 친구가 있으면 가까이 다가가 눈물을 닦아주는 모습을 보여주었다고 한다. 특히 화가 났을 때 크게 소리를 지르거나 제자리에서 다리를 굴리는 모습이 현저히 줄어들었다는 보고가 있었다.

2) B아동

프로그램을 마치고 포테이지 아동 발달 체크리스트 결과, 사회성 영역은 3세 3개월, 언어 영역은 5세 2개월로 나타났다. 검사에서 사회성 영역 및 언어 영역에서 눈에 띄게 향상된 결과는 나오지 않았지만, 담임 선생님 보고에 의하면 아동은 흥분 시 나오는 소리가 현저히 줄어들어 스스로 감정 조절이 가능한 모습을 보였으며, 공동 주의 집중인 '함께 책 읽기'에 집중 유지 시간이 늘어났다. 또한 또래 친구 및 보육 선생님에게 "고마워, 미안해, 좋아" 등 자신의 감정을 표현할 수 있었으며, 단체 차례 지키기에서 길게 유지되지는 않으나 스스로 수정을 시도하려는 변화가 나타났다.

3) C아동

프로그램 활동을 마치고 포테이지 아동 발달 체크리스트 결과, 사회성 영역은 4세 3개월, 언어 영역은 3세로 나타났고, 이는 사회성 영역에서 눈에 띄게 향상된 결과를 보여주었다. 타인을 인지하고 타인의 반응에 재미와 흥미를 느끼는 모습이 나타났다. 아동은 교사의 행동을 모방하여 손을 들고 "저요!"를 외치며 앞에 나와 또래 앞에서 발표할 수 있었으며, 친구와 마주 보고 인사 나누기 수행 시, 친구를 인지하고 친구 쪽으로 몸을 틀어 손을 흔들며 "안녕"이라고 발화하며 인사 나누기를 할 수 있었으며, 친구의 이름을 발화할 수 있었다. 그리고 교실에서도 다른 친구에게 다가가 관심을 보이며 장난을 치거나, 우는 친구를 보면 "왜 울어?"라고 물어보는 등 또래에 관한 관심이 많아졌다는 교사의 보고가 있었다.

4) D아동

프로그램 활동을 마치고 포테이지 아동 발달 체크리스트 결과, 사회성 영역은 5세, 언어 영역은 1세 6개월로 나타났고, 이는 사회성 영역에서 눈에 띄게 향상된 결과를 보여주었다. 아동은 그룹 치료 회기가 늘수록 친구를 인지하고, 친구가 치료실에 들어올 때 친구의 얼굴을 확인하고 방긋 웃으며 손을 흔들고, 부정확한 발음으로 "안녕!"이라고 평소보다 큰 목소리로 인사 나눌 수 있었으며, 친구가 보지 못하고 지나치면 친구의 옷깃이나 손을 잡아서 자신을 확인시켜 인사할 수 있도록 하였다. 또한 모든 수업에 적극적으로 참여하며 자신이 만든 작품을 친구에게 나눠주거나 보여주며 자랑하는 등 또래와 상호작용하려는 변화가 나타났다.

5) E아동

프로그램을 마치고 포테이지 아동 발달 체크리스트 결과, 사회성 영역은 4세 3개월, 언어 영역은 5세 2개월로 크게 향상된 결과를 보여주었다. 초기에는 발표시 조심스러운 모습을 보이며 작은 목소리로 이야기하였으나 회기가 거듭할수록 "저요"라며 자신 있게 손을 들어 틀리더라도 큰 목소리로 대답하는 모습을 보여주었다. 담임교사의 보고에 의하면, 초기에 자신의 강화물인 장난감을 혼자

가지고 노는 모습을 보였으나, 프로그램 후 자신이 좋아하는 장난감을 "○○야, 같이 해"라며 친구들과 함께 나누어 상호작용할 수 있었다. 또한 또래 친구가 장난감을 가지고 놀고 있지 않자 자신의 장난감을 주는 변화가 나타났다.

6) F아동

프로그램 활동을 마치고 포테이지 아동 발달 체크리스트 결과, 사회성 영역은 4세 5개월, 언어 영역은 4세 3개월로 나타났다. 사회성 영역에서는 눈에 띄게 향상된 결과는 나오지 않았지만, 언어 영역에서 향상된 결과를 보여주었다. 초기에는 교사의 도움 없이 활동에 참여하지 않았던 모습이었지만, 회기가 거듭될수록 친구들의 모습을 관찰하기도 하고, 친구가 손을 들면 따라서 손을 드는 모습이 나타났다. 또한 본인의 자리에 착석을 유지하며 교사의 지시에 따라 앞에 나와 활동에 스스로 참여하기도 하였다. 무엇보다 교실에서 친구의 감정에 동요하며 위로해 주는 모습을 보여주었다는 교사의 보고가 있었다.

Ⅳ. 연구 결과 요약

본 연구에서는 소그룹 놀이 활동이 발달 지체 유아의 사회적 상호작용과 어휘력 향상에 미치는 효과를 알아보고자 하였는데, 그 결과를 요약하면 다음과 같다.

첫째, 소그룹 놀이 활동을 통해 친구의 감정 변화에 반응하며 친구의 신체 도식을 인지하고 모방하는 등의 사회적 상호작용이 향상되었다.

둘째, 소그룹 놀이 활동을 통해 타인의 호명에 반응하거나 스스로 친구의 이름을 호명하기도 하며, 역할극을 통해 상황에 맞는 어휘를 선택하여 표현하는 등 어휘력이 향상되었다.

소그룹 놀이 활동에 참여한 아동들의 사회적 상호작용과 어휘력에서 향상된 결과를 보여주었으며, 담임교사의 주관적인 관찰 보고에 의하면 또래 친구들에게 관심을 보이지 않던 아동이 친구의 모습을 모방하거나 친구에게 다가가 관심을 보이며 타인의 감정에 동요하는 모습을 보였다고 한다. 또한 이러한 변화는 그룹 치료 활동 중에도 나타났으며, 회기가 거듭될수록 타인의 존재를 인지하며 놀이 수행 시 자신의 자리에 착석을 유지하며 손을 들고 발표하기, 호명하는 친구가 앞으로 나오기 등의 규칙을 지키는 모습을 보여주었다.

본 연구의 제한점으로는 치료실의 구조화된 환경에서 제공된 놀이 활동이라는 점이다. 차후 다양한 환경에 노출하여 놀이 활동을 제공하였을 때 나타나는 효과에 대해서도 알아볼 필요가 있다.

참고문헌

- 박미래 외 (2021). 짝 그룹 감각통합치료가 발달지연 아동의 감각처리, 또래와의 상호작용, 놀이 발달에 미치는 영향: 사례 보고.
- 석경아 (2021). 감각통합놀이. 성남: 아이씨컴퍼니.
- 최지현, 김희 (2018). 그룹 감각통합치료가 학령전기 지적장애 아동의 소근육 기능, 상호작용 및 놀이에 미치는 영향.
- 황혜진 (2021). 그룹 언어치료 우리두리함께 1, 2편. 세종: 봄비와 씨앗.

재능 개발 프로그램이 발달지연 유아의 주의집중에 미치는 영향

/ 백은지, 정선진

이 연구는 재능 개발 프로그램이 발달 지연이 있는 유아의 주의 집중력에 미치는 영향을 탐구했습니다. 연구는 음악, 미술, 운동 중심의 프로그램을 3세에서 5세 사이의 발달 지연 유아 6명에게 7개월간 실시했습니다. 단축형 코너스 평정 척도(ACRS)를 사용하여 프로그램 전후의 주의 집중 행동을 평가했으며, 개별 유아의 행동 특성 변화도 관찰했습니다. 결과적으로 프로그램에 참여한 유아들은 주의력 과잉 행동 점수가 낮아지고 주의 집중 시간이 길어졌으며, 흥미와 관심을 보이는 활동에서 두드러진 향상을 보였습니다. 연구는 소수의 유아만을 대상으로 하여 일반화에는 한계가 있으나, 재능 개발 프로그램이 발달 지연 유아의 주의 집중력에 긍정적인 영향을 미칠 수 있음을 시사했습니다.

1. 연구의 필요성 및 목적

인간의 주의와 지각에 대해 아는 것은 곧 인지 과정을 이해하는 첫걸음이라고 할 수 있다. 왜냐하면 인간은 일단 어떤 대상을 지각한 후에 그 대상에 집중하거나 주의를 보임으로써 학습이 일어나기 때문이다.

이러한 주의 집중력은 영아기 후반에 발달하기 시작해서 유아기에는 더욱 활성화된다. 비록 영아의 주의 집중력이 매우 낮은 수준이라고 하더라도 흥미를 끈 대상에 대해서는 상당한 주의 집중력을 보인다(홍순정·김재은·이연섭, 2003).

특히 유아는 비록 노력에 의한 주의 집중은 어렵지만, 흥미 있는 일에 자연히 끌리는 주의에 있어서는 일반적으로 생각하는 것보다 주의력이 더 강하다고 할 수 있다. 유아기에 들어 주의력이 급격히 발달하며, 이 무렵이 주의 집중력 발달의 한 단계를 구획 짓는 시기라고 하였다. 따라서 본 연구에서는 음악, 미술, 운동 중심

재능 개발 프로그램이 유아의 주의 집중력에 미치는 영향을 알아보고자 한다.

II. 연구 방법

1. 연구 대상
본 연구는 만 3세~5세 발달지연 유아 6명을 대상으로 하였으며, 대상 유아별 행동 특성은 다음과 같다.

1) A아동
과제의 선호도에 따라 주의집중 시간의 기복이 큰 편이다. 주로 혼자 놀이하며 특정 놀이만을 반복한다. 따라서 다양한 놀이의 영역으로 확장하는데 어려움이 있다. 자신의 요구 사항이 받아지지 않을 때 교실 바닥에 누워서 꼼짝하지 않거나 지속적으로 요구 사항을 말하며 교실을 돌아다닌다.

2) B아동
새로운 놀잇감에 관심은 보이나 집중하여 1분 이상 유지하지 못하고, 다리를 흔들거나 의자에 눕듯이 앉아 의자를 앞뒤로 흔들며 착석에 어려움을 보인다. 줄을 서거나 순서를 기다릴 때 잠시도 기다리지 못하고 뛰어다니거나 줄에서 쉽게 이탈한다. 자신이 좋아하는 놀이의 경우 집중하여 착석을 유지하여 10분이상 자리이탈 없이 놀이할 수 있다.

3) C아동
혼자서 놀이하며 주변 놀잇감에 별다른 흥미를 보이거나 활동에 참여하지 않고, 활동 시간이 2~3분 내외로 짧다. 주로 뛰어다니며 놀이하거나 교사의 곁에서 머물며 교사를 관찰한다. 의사소통이 원활하지 않으며 소리에 민감하여 주변에서 음악 소리나, 친구들 소리가 나면 귀를 막고 울음이나 소리치기로 표현한다.

4) D아동

주로 혼자서 놀이하거나 교사와 1:1 놀이를 하며, 한 가지 놀이 집중시간이 5분 내외로 짧다. 또한 자신의 요구가 받아들여지지 않으면, 과도하게 소리치며 울음으로 표현하며, 그 횟수가 하루 3~5회 이상이며, 시간이 15~20분으로 길다. 또한, 기저귀를 착용하고 있어서 활동 참여도가 낮고, 예민하여 한가지 활동에 집중하는데 어려움이 있다.

5) E아동

활동할 때 한가지 활동에 3분 이상 참여하지 못하고 놀잇감을 꺼낸 후 흐트러 놓고 자리를 이탈하거나, 다른 아동과 교사와의 놀이에도 관심을 보이지 않으며 집중하지 못하고 새로운 자리를 이동한다. 다양한 운동기구, 놀잇감. 미술도구에 관심을 가지나 활용하거나 흥미를 보이지 않으며 주로 뛰어다니거나 교실을 돌아다니며 혼자서 놀이한다.

6) F아동

뇌병변으로 인한 보행의 어려움이 있어 앉아서 하는 활동을 하거나 친구, 교사와의 놀이보다 혼자서 놀이하는 것을 즐긴다. 운동을 하거나 놀이기구를 이용하는데 어려움을 보여 집중하지 못하고 주의집중시간이 짧으며 흥미를 보이지 않는다.

2. 연구 기간 및 평가 도구

본 연구는 '단축형 코너스 평정척도(ACRS)'를 사용하여 실시하였다. 주의 집중력과 과잉행동에 대한 사전 검사는 3월 25일부터 3월 29일까지 실시하였으며,

사후 검사는 10월 30일부터 11월 6일까지 실시하였다.

단축형 코너스 평정척도(Abbreviated Conners Rating Scale)는 코너스가 93문항으로 제작한 것을, 후에 그의 동료들과 함께 10문항으로 단축하여 개정한 척도이다(Conners, 1997). 이 검사는 10개의 주의력 결핍·과잉행동 특징에 대해 0~3점까지 4점 척도로 구성되어 있으며, 점수가 커질수록 주의력 결핍·과잉행동이 심하다는 것을 나타낸다.

3. 연구방법

2024년 4월부터 10월까지 7개월간 실시한 재능 개발 프로그램의 내용은 다음과 같다.

월	생활주제	음악놀이	미술놀이	운동놀이
4월 ~ 10월	봄과 동식물 나와 가족 우리 동네 건강한 여름 생활 교통기관 우리나라와 세계 여러 나라 가을	노래 듣고 부르기	그리기	공놀이
		율동하기	색종이 접기	스카프 놀이
		악기 연주하기	만들기	유니바 넘기
		음악 감상하기	꾸미기	스윙호스 놀이
		신체로 표현하기	모자이크	줄 놀이

III. 연구결과

1. 재능개발프로그램 실시 전과 후의 주의 집중 발달

재능 개발 프로그램은 대상 유아의 주의 집중, 흥미, 관심, 참여도에 따라 실행하였으며, 단축형 코너스 평정척도에 의한 사전·사후 검사 결과는 다음과 같다.

대상유아	A	B	C	D	E	F
사전	23	28	25	24	26	2
사후	10	17	11	13	11	0

위의 표에 의하면 유아들의 주의력·과잉행동 점수가 A 아동의 경우 23점에서 10점으로 13점, B 아동의 경우 28점에서 17점으로 11점, C 아동의 경우 25점에서 11점으로 14점, D 아동의 경우 24점에서 13점으로 11점, E 아동의 경우 26점에서 11점으로 15점, F 아동의 경우 2점에서 0점으로 2점 감소하였다.

이러한 결과는 재능 개발 프로그램(음악, 운동, 미술)이 발달지연 유아의 주의 집중 향상에 긍정적인 영향을 미쳤음을 시사하였다.

2. 재능 개발 프로그램 실행 후 나타난 유아별 행동 특성

재능 개발 프로그램은 대상 유아의 주의 집중, 흥미, 관심, 참여도에 따라 실행하였으며, 실행 후 유아별 행동 특성은 다음과 같다.

1) A아동

전이를 위해 이름을 부르거나 유아의 차례가 되어 이름을 불렀을 때 이름을 듣고 행동을 시작할 수 있으며 릴레이로 진행되는 놀이에서 줄을 서서 기다리며 집중하여 참여한다. 이야기 나누기, 동화 듣기, 동화 구연, 노래 부르기 뿐 아니라 소그룹 활동 시 한 가지 과제를 완성할 때까지 15분 이상 집중해서 이탈 행동 없이 참여할 수 있다.

2) B아동

그룹으로 놀이하거나 활동을 할 때 학기 초에는 자리를 이탈하거나 자리를 옮겨 앉는 등의 모습과 다리를 앞으로 쭉 펴고 앉거나 다리를 꼬고 앞뒤로 흔드는 등의 모습을 주로 보였으나, 지금은 교사의 언어적 지원으로 앉아야 할 자리에 착석할 수 있으며 자발적으로 착석을 유지하는 시도를 하고 있다. 다양한 재료를 이용하여 입체적으로 구성하는 미술놀이 뿐만 아니라 규칙을 지켜 이루어지는 게임, 덧셈과 뺄셈, 곱셈과 같은 수 연산에 30분 이상 능동적으로 참여한다.

3) C아동

아동은 재능개발프로그램을 통하여 1~2명의 또래들과 함께 5분 이상 어울려 놀이하기도 하고, 간혹 음악 소리를 집중하여 들으면서 자신의 감정을 신체로 표현하기도 한다. 또한 미술 놀이에 상당한 관심과 흥미, 집중도를 보이며 칠판에 그림을 그리거나, 다양한 미술도구를 이용하여 20분 이상 그림을 그리며 놀이한다. 친구들이나 교사에게 자신이 그린 그림을 단어나 간단한 문장으로 설명하기도 한다.

4) D아동

다른 아동의 놀이를 집중하여 관찰하기 시작하였으며, 관찰하다가 자신이 하고 싶으면 같이하자고 제안하기도 한다. 또래와 상호작용하며 한가지 놀이에 집중시간이 10분 이상으로 길어지고 있다. 또한 자신의 요구가 받아들여지지 않으면, 과도하게 소리치며 울음으로 표현하기보다 먼저 언어로 표현을 시도한 후 자신의 감정을 표현하며, 그 횟수가 점차 3회 이하로 줄어들고 있다. 또한 배변연습을 통해 기저귀를 사용하지 않게 되자 활동이 자유롭게 되었으며, 운동할 때 규칙을 설명하면 집중하여 듣고 게임에 참여하기도 한다.

5) E아동

미술과 관련된 활동을 즐겨하며, 그림을 그릴 때는 다양한 재료에 호기심을 보이고 자신만의 방법으로 활용하기도 하며 20분 이상 집중하여 놀이를 한다. 또한 처음에는 필기구를 사용하지 못하였으나 점차 자신이 그리고 싶은 그림이 생기자, 다양한 필기구나 미술도구의 사용 방법을 익혀 그림을 20~30분이상 한 자리에서 집중하여 그림을 그려 표현한다.

6) F아동

운동 놀이를 통하여 근육이 단련되고, 목발을 사용하여 운동할 수 있는 시간이 길어지자 점차 운동 놀이에 관심을 가지고 스스로 하기도 하였다. 운동 놀이를 할 수 있게 되자, 점차 집중하는 시간이 길어져서 한 가지 활동을 마칠 때까지 집중하여 친구와 운동을 하거나 게임을 한다. 노래 부르는 것을 즐기며 친구와 함께 노래를 부르거나 악기 연주를 하면서 상호작용하며, 다양한 활동에 흥미와 관심을 보이면서 집중하는 시간이 10분 이상 늘어났다.

Ⅳ. 결과 요약

본 연구에서는 재능 개발 프로그램이 발달지연 유아의 주의 집중력에 미치는 영향을 알아보고자 만 3세~4세 발달지연 유아 6명을 대상으로 음악, 미술, 운동 중심의 재능 개발 프로그램 실행 전과 후의 주의 집중 행동을 '코너스(CRS) 단축형 평정척도'를 사용하여 주의 집중력을 평가하였다.

그 결과, 재능 개발 프로그램(음악, 운동, 미술)에 참여한 유아들은 흥미와 관심이 있는 활동을 스스로 선택하여 능동적으로 참여할 수 있었고, 주의 집중 시간이 더 길어지는 것으로 나타났다.

첫째, 흥미를 보이는 부분에서 특히 주의력 결핍·과잉행동 점수가 낮아졌으며, 주의 집중 시간이 길어짐이 관찰되었다.

둘째, 주의 집중 시간이 길어짐에 따라 의사소통, 사회적응, 대·소근육 운동, 인지 등 다른 영역의 발달에도 긍정적인 영향을 미쳤다.

셋째, 처음에는 특정 영역(예: 미술)에서만 관심을 보이며 주의 집중하여 활동하였으나, 흥미를 가질 수 있는 다양한 환경을 제공해 주었을 때 다른 영역의 활동(예: 음악, 운동)에도 관심을 보이게 되어 사고 및 경험의 확장이 일어나고, 주의 집중 시간이 길어지는 것으로 나타났다.

본 연구의 결과는 소수의 유아만을 대상으로 연구가 진행되었기 때문에 이 결과를 일반화하기는 어려우나, 재능 개발 프로그램이 발달지연 유아의 주의 집중 행동에 긍정적인 효과가 있는 것으로 나타나 후속 연구가 필요함을 시사하고 있다.

참고문헌

- 양영미, 조성심(2022). 「아동의 신체 활동이 주의 집중에 미치는 영향」. 신한대학교 연구 논문.
- 이혜숙, 곽은순(2014). 「아동 중심 동작 교육이 유아들의 주의력 결핍·과잉행동, 내적 통제력 부족, 내성적 문제 행동에 미치는 영향 연구」. 가천대학교 석사학위 논문.
- 장미경(2018). 『놀이치료』. 서울: 3창지사.
- 홍순정, 김재은, 이연섭(2003). 『인지와 창의성 교육』. 서울: 한국방송대학교출판부.

함께 성장하는
보육교직원 특별직무교육

보수교육은 교사자람!
이제는,
선택이 아니고
필수입니다

학습자만족도 1위, 평균수료율 98.5%

보육교직원 학습자 만족도 1위!
마이에듀 교사자람
교육부 위탁 온라인 보수교육기관

2025년 교육부 보육교직원
온라인 보수교육 위탁교육기관

영아보육 / 장애아보육 / 방과후보육

매월 1일 개강
지금, 모집중!

교사자람만의 특별한 혜택

회원가입만 하면, 이 모든게 공짜!

- 프리미엄 ZOOM 교육특강
- 원장교육(인사노무, 재무회계 등)
- 교사교육(역량강화교육)
- 부모교육(동영상 매주 업데이트)
- 보육교직원 필수의무교육

행정안전부
어린이안전교육 우수훈련기관 지정
+
고용노동부
안전보건교육 지정교육기관
+
고용노동부
직장 내 장애인 인식 개선교육 지정교육기관

Daum [교사자람] 검색
NAVER [교사자람] 검색

 교육문의 : 1644-3396

의사소통보조기기
키즈보이스 스마트

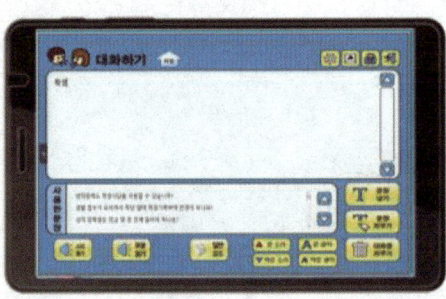

원활한 의사소통을 도와주는
보완대체의사소통기(AAC)입니다.

의사소통에 어려움을 겪는
모든 장애인(발달, 지적, 청각, 뇌병변 등)을 위한 기기입니다.

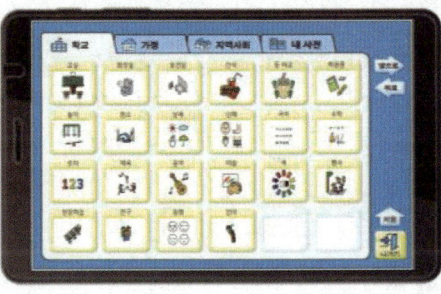

일상생활 별로 분류된 어휘와 그림으로
쉽게 의사소통 할 수 있습니다.

납품업체 유비큐 판매 (주)
이메일   ubqaac@aackorea.com
문의사항 ☎ 1688-8766

더 큰 미래로 가는 희망길에 대구사이버대학교가 빛을 비추겠습니다.

재활·복지·치료 특성화 명문 대학 대구사이버대학교는 희소성 높은 전공의 가치와 현장중심 실무교육의 체계화된 교육 커리큘럼으로 당신의 미래 경쟁력을 높입니다.

재활·복지·치료 특성화 명문 대학
대구사이버대학교 2025학년도 2학기 신·편입생 모집

놀이치료학과 / 미술치료학과 / 언어치료학과 / 행동치료학과 / 상담심리학과
임상심리학과 / 재활상담학과 / 심리운동학과 / 사회복지학과 / 사회복지상담학과
특수교육학과 / 한국어다문화학과 / 행정학과 / 전기전자공학과 / K-푸드비즈니스학과

모집일정 2025. 6. 1.(일) 9시 ~ 7. 16.(수) 24시

 대구사이버대학교   입학문의 | 053. 859. 7400

아이의 행동에는
이유가 있습니다

대한민국 현장 전문가들이 전하는
긍정적 행동지원 솔루션

인쇄일   2025년 8월 20일
발행일   2025년 8월 25일

펴낸곳   장보협 사회적협동조합
발행인   권영화
편집장   장재경
사무처   (우) 39827 경북 칠곡군 약목면 무림1길 21-46 한나래어린이집
전 화   010-2699-4008
전자우편 jangbo2008@hanmail.net
홈페이지 www.kaedac.or.kr

출판처   도서출판 예술과마을

ISBN   979-11-91786-13-2 (03370)
정 가   15,000원